MANUEL

POUR LES RECEVEURS MUNICIPAUX,

LES MAIRES, ETC.

OU

TRAITÉ DE LA COMPTABILITÉ

DES

COMMUNES ET DES ÉTABLISSEMENTS PUBLICS

CONTENANT

DES OBSERVATIONS GÉNÉRALES ET PRÉLIMINAIRES SUR LA REDDITION DES COMPTES
DE GESTION, ETC.;
UNE NOMENCLATURE GÉNÉRALE PAR ORDRE ALPHABÉTIQUE
DES PIÈCES JUSTIFICATIVES A PRODUIRE A L'APPUI DES COMPTES DE GESTION ;
UN RÉPERTOIRE PAR ORDRE ALPHABÉTIQUE DES OPÉRATIONS DE RECETTE
ET DE DÉPENSE QUI NE DONNENT PAS LIEU A REMISES ;
DES COPIES, EXTRAITS ET RÉSUMÉS DES LOIS, DÉCRETS ET INSTRUCTIONS
QUI SONT LES PLUS APPLICABLES A LA COMPTABILITÉ COMMUNALE ET CHARITABLE ;
DES MODÈLES D'ÉTATS.

Par M. FERRIER,

Sous-Chef de division de la Préfecture de la Drôme.

VALENCE,

IMPRIMERIE JULES CÉAS ET FILS,

Rue de l'Université, 9.

1863.

MANUEL

POUR LES RECEVEURS MUNICIPAUX,

LES MAIRES, ETC.

OU

TRAITÉ DE LA COMPTABILITÉ

DES

COMMUNES ET DES ÉTABLISSEMENTS PUBLICS

CONTENANT

DES OBSERVATIONS GÉNÉRALES ET PRÉLIMINAIRES SUR LA REDDITION DES COMPTES
DE GESTION, ETC.;
UNE NOMENCLATURE GÉNÉRALE PAR ORDRE ALPHABÉTIQUE
DES PIÈCES JUSTIFICATIVES A PRODUIRE A L'APPUI DES COMPTES DE GESTION;
UN RÉPERTOIRE PAR ORDRE ALPHABÉTIQUE DES OPÉRATIONS DE RECETTE
ET DE DÉPENSE QUI NE DONNENT PAS LIEU A REMISES;
DES COPIES, EXTRAITS ET RÉSUMÉS DES LOIS, DÉCRETS ET INSTRUCTIONS
QUI SONT LES PLUS APPLICABLES A LA COMPTABILITÉ COMMUNALE ET CHARITABLE;
DES MODÈLES D'ÉTATS.

Par M. FERRIER,

Sous-Chef de division de la Préfecture de la Drôme.

VALENCE,
IMPRIMERIE JULES CÉAS ET FILS,
Rue de l'Université, 9.
1863.

LETTRE APPROBATIVE

ADRESSÉE AU PRÉFET DE LA DROME

par M. le Ministre des Finances.

MINISTÈRE
DES FINANCES

COMPTABILITÉ
GÉNÉRALE.

Paris, le 29 mai 1863.

Monsieur le Préfet,

Vous avez bien voulu me transmettre un exemplaire d'un Manuel traitant de la comptabilité des communes et des établissements de bienfaisance rédigé par M. Ferrier sous-chef de l'une des divisions de votre préfecture.

Cet ouvrage qui présente, outre des observations générales, un résumé des lois et réglements sur la matière, me paraît, comme à vous, pouvoir être utilement consulté par les maires et les comptables municipaux, et je verrais avec plaisir que sa publication. . . . .

Recevez, Monsieur le Préfet, l'assurance de ma considération très-distinguée.

Le Ministre secrétaire d'Etat, au département des Finances,

Signé : Achille FOULD.

TABLE DES MATIÈRES.

PRÉFACE.

La comptabilité des communes et des établissements
publics a pour base un mouvement de fonds confié à des
fonctionnaires de diverses catégories sous la condition de
justifier, à des époques déterminées, de la manipulation
de ces fonds par des documents dont les règlements
et instructions fixent les dimensions et les formalités
exigées. Cette comptabilité, qui est une des branches im-
portantes de notre organisation sociale et de l'ordre public,
embrasse une infinité d'opérations qui s'enchaînent et se
lient les unes aux autres et forment, dans leur ensemble,
un tout complet et parfaitement défini. Pour bien coor-
donner ces opérations et saisir cet ensemble depuis le com-
mencement jusqu'à la fin, il importe aux fonctionnaires,
qui ont le mouvement matériel des deniers publics ou qui
s'occupent de comptabilité, de posséder les notions au
moins les plus pratiques et les dispositions des lois
et instructions les plus élémentaires qui déterminent
la marche que l'on doit observer et l'ordre que l'on doit
suivre, sans lesquels la confusion aurait bientôt succédé

à la clarté. La théorie en toute matière a bien son mérite ; mais en comptabilité, la pratique nous paraît préférable.

« La comptabilité administrative, — a dit un homme d'État éminent, — n'est fidèle qu'autant qu'elle constate tous les faits à mesure qu'ils se réalisent ; elle n'est rassurante qu'autant qu'elle inscrit ces faits sur des documents authentiques et sans possibilité ultérieure d'y être changés ; enfin elle n'est irrécusable qu'autant que chacun des faits enregistrés dans ses détails quotidiens peut être justifié par des pièces probantes. »

Ces conditions se remplissent sans grand effort si une exactitude journalière et une méthode rigoureuse président à toutes les opérations réglementaires et à toutes les phases des formalités prescrites. Rien n'est clair et satisfaisant comme une comptabilité communale et charitable bien enchaînée et bien justifiée ; mais rien n'est confus et obscur comme une comptabilité tenue en dehors de la vérité et de la légalité. La légalité a pour base la vérité qu'elle ne perd pas de vue. Ce sont deux principes qui marchent ensemble et que tout comptable ne peut séparer sans se jeter dans l'ornière de l'irrégularité qui l'entraîne dans une responsabilité souvent très-onéreuse.

Nous avons cherché, en rédigeant notre traité, à ne pas nous écarter des règles positives déjà contenues dans les documents nombreux et officiels que nous avons compulsés. Nous les avons constamment suivies et observées aussi attentivement que le comportait le plan que nous avons adopté.

Si quelques dispositions, d'ailleurs en très-petit nombre, ne sont pas appuyées de citations de loi ou d'instruction, c'est que nous avons acquis la certitude que la jurisprudence administrative avait consacré le principe de ces dispositions et rendu leur application obligatoire. Les fonctionnaires qui s'occupent de comptabilité communale et charitable connaissent déjà, sans doute, les règles et les principes qui font le sujet de notre travail ; mais, comme ces règles et ces principes n'avaient pas jusqu'ici été résumés et méthodiquement arrangés, ils trouveront dans notre Manuel des moyens faciles pour abréger leurs recherches et économiser leur temps. C'est un grand point d'obtenu que de tomber immédiatement sur une matière qui doit vous renseigner au sujet d'une formalité quand la mémoire vous fait défaut. A toute époque le temps vaut de l'argent ; or, le receveur de même que l'ordonnateur apprécieront d'autant mieux notre Manuel qu'il leur rendra des services réels.

La Nomenclature est précédée d'observations générales sur la reddition des comptes de gestion, le timbre, la forme dont les expéditions doivent être délivrées, etc. Près de 500 cas ont été coordonnés et classés par ordre alphabétique. S'il s'en présentait quelqu'un dont la solution n'y fût pas formulée explicitement, l'omission ne pourrait porter que sur un objet peu important, et la question serait d'ailleurs résolue par l'analogie. La justification d'une dépense a pour règle la constatation immédiate des travaux exécutés ou des fournitures faites ; mais cette constatation n'est rendue évidente que par la production de documents dont les qualités et les dimensions varient suivant l'importance de la dépense ou les formalités qu'elles doivent relater. Afin de faciliter aux ordonnateurs des dépenses le moyen d'établir quelques uns de ces documents et aux agents intermédiaires les plus rapprochés des travaux, de les seconder par des écritures quotidiennes et élémentaires, nous avons terminé notre traité par une série de modèles d'états. La plupart de ces modèles sont déjà en usage et admis très-régulièrement par la jurisprudence du conseil de préfecture. Il est certain que leur emploi sera toujours d'une grande utilité.

Nous avons établi un Répertoire par ordre alphabétique des opérations tant de recette que de dépense qui ne donnent pas lieu à remise. Chaque numéro est suivi de l'énoncé du réglement ou de la décision qui explique la mesure et déduit les motifs de la non allocation.

Enfin, nous avons cru qu'il était nécessaire de donner, par ordre chronologique, tantôt le texte, tantôt un résumé des lois et instructions qui sont le plus spéciales à la comptabilité communale et charitable. Pour établir ce travail nous nous sommes livré à de laborieuses recherches, nous avons compulsé une infinité de documents dont le plus grand nombre, d'une existence très-ancienne, ne se trouve que dans des bibliothèques administratives et complètes.

Une décision dont la date remonte à quelques mois seulement, met à la charge des maires et des autres fonctionnaires ordonnateurs de dépenses, les amendes sur le timbre, et exonèrent par conséquent les receveurs municipaux et des établissements de bienfaisance, de ces amendes qui avaient été jusqu'alors mises à leur charge. Cette décision a été provoquée par le grand nombre de contraventions relevées chaque année par les employés supérieurs de l'administration de l'enregistrement sur les pièces justificatives de dépense. Notre Manuel indiquant les pièces qui sont sujettes au timbre, et traçant la marche à suivre pour les délivrer sans être exposé à des amendes, sera d'une utilité incontestable pour les maires et les autres officiers ministériels appelés à fournir les pièces justificatives de dépense.

L'instruction générale du 20 juin 1859 est le produit d'un long et laborieux travail ; elle résume et coordonne une infinité de lois, décrets et instructions qui avaient paru jusqu'alors ; elle donne enfin une nomenclature des pièces justificatives le plus ordinairement produites ; mais cette nomenclature, qui est reproduite en entier dans notre Manuel sous un autre ordre d'idées moins sommaires, ne pouvait faire entrer dans son plan tous les petits détails qué la jurisprudence administrative a relevés et consacrés comme des principes indispensables aux besoins et à la régularité des gestions communales et charitables.

TABLE DES ABRÉVIATIONS.

Art.	Article.
C.	Circulaire.
C. Inst.	Circulaire du ministre de l'instruction publique.
C. Int.	Circulaire du ministre de l'intérieur.
C. N.	Code Napoléon.
C. P.	Circulaire du préfet.
D.	Décret.
I. G.	Instruction générale.
L.	Loi.
M.	Mémorial.
P. L.	Papier libre
P.	Page ou préfet.
O. ou Ord.	Ordonnance.
R. ou Règl.	Règlement.
R. adm.	Recueil des actes administratifs.
T.	Sur papier timbré.
V.	Voir.

MANUEL

POUR

LES RECEVEURS MUNICIPAUX ET LES MAIRES.

CHAPITRE PREMIER.

Observations générales et préliminaires sur la reddition des Comptes de gestion, la production des pièces justificatives, etc.

1. Un compte de gestion annuelle comprend toutes les recettes et les dépenses effectuées à partir du premier janvier jusqu'au trente-un décembre. Ce compte se subdivise en première et en deuxième partie. La première rappelle les opérations faites pendant la première année de la gestion annuelle et comprend celles effectuées dans les trois mois accordés pour régulariser les dépenses *faites* et *constatées* au trente-un décembre, mais qui n'ont pu être payées faute de justifications suffisantes.

La deuxième partie constate les opérations effectuées pendant la première année de la gestion annuelle.

Un compte de gestion comprend ainsi les comptes de deux années, l'un qui est clos et fait l'objet de la première partie du compte annuel, l'autre qui est dans sa première année et qui fait l'objet de la deuxième partie du même compte annuel.

Gestion annuelle.

1

Exercice. — Durée.

2. Un exercice embrasse une période de 15 mois qui se composent de l'année de la première gestion annuelle commencée au premier janvier et des trois mois qui suivent immédiatement cette même année; trois mois qui, comme il a été dit ci-dessus, ont été accordés par l'ordonnance du 1er mars 1835 pour régulariser les dépenses *faites* et *constatées* au 31 décembre, mais qui n'ont pu être payées faute de temps suffisant pour produire les pièces justificatives de dépense.

Série de numéros.

3. Pour l'ordre d'inscription des articles, tant de recette que de dépense, et leur libellé, on doit se conformer ponctuellement au budget, et n'établir qu'une série de numéros d'ordre pour tout le compte.

Recette. — Justification par article.

4. Chaque numéro doit être accompagné des pièces justificatives indiquées dans la nomenclature.

Déclaration de recette.

5. Il sera fourni une déclaration de recette pour chaque numéro de recette de la première partie du compte. Il arrive fréquemment que les articles de recette sont recouvrés en entier pendant la première année de l'exercice, et alors aucun recouvrement ne s'effectue pendant la deuxième année. Mais cette circonstance ne dispense pas le comptable de produire les pièces justificatives exigées, et cela tout comme s'il y avait eu recouvrement en tout ou en partie pendant la deuxième année. Cette règle résulte implicitement des dispositions de l'art. 1543 de l'instruction générale du 20 juin 1859.

Modèle n° 318.

6. Les recettes de la deuxième partie du compte (première année de l'exercice) seront justifiées par l'état modèle n° 318 de l'instruction générale. Cet état est la seule justification qu'ait à produire le comptable pour la première année de l'exercice en ce qui concerne les recettes.

Certificat négatif de recette.

7. Lorsqu'une recette prévue au budget ne pourra s'effectuer pour défaut de titre de recouvrement, le comptable le constatera par un certificat du maire, indiquant les causes de la non recouvrabilité.

8. Conformément aux dispositions des articles 1503 et 1576 de l'instruction générale du 20 juin 1859, le comptable doit annexer à chaque titre de recette une note de renseignements (modèle n° 304), qui résume la teneur du carnet (modèle n° 303) sur lequel le comptable enregistre : 1° en ce qui concerne la recette, tous les titres de perception qui lui parviennent ; 2° en ce qui concerne la dépense, les divers renseignements dont il a besoin.

Note de renseignements. Modèle n° 304.

Les titres de recette, au sujet desquels on doit produire la note de renseignements, sont les rôles, baux, procès-verbaux de vente et de location, arrêtés préfectoraux, états dressés par le maire (art. 63 de la loi du 18 juillet 1837); titres de rente sur l'État et sur particuliers, donations, legs, actes d'emprunts, etc.

9. Il sera fourni une fiche pour chaque numéro de dépense.

Fiche de dépense.

10. Chaque numéro de dépense doit être accompagné de mandats dûment acquittés et des pièces exigées par la nomenclature.

Dépense. Justification.

11. Tout mandat, toute copie ou tout extrait de pièce ou acte revêtu de la signature du maire ou de l'adjoint délégué, doit porter l'empreinte lisible du sceau de la mairie, à gauche de la signature.

Sceau de la Mairie.

12. Les pièces justificatives doivent être placées dans cinq dossiers. Le premier pour les *pièces de recettes* du compte final ; le deuxième pour les *pièces de dépenses* du même compte; le troisième pour les *pièces de recettes* de l'exercice commencé; le quatrième pour les *pièces de dépenses* du même exercice, et le cinquième pour les *pièces diverses*. Ce dernier dossier porte la nomenclature des pièces qu'il doit renfermer au nombre desquelles on doit toujours trouver une copie du budget primitif, et une copie du budget supplémentaire de l'exercice clos ;

Classement des pièces justificatives.

Dossier des pièces diverses.

Une délibération du conseil municipal ou de la commission administrative sur le compte présenté ;

Une copie certifiée du compte d'administration qui doit être délivrée par le maire ;

Le procès-verbal de situation de caisse au 31 décembre ;

Le bordereau de situation ;

L'état de l'actif et du passif, c'est-à-dire l'état des propriétés foncières, rentes et créances mobilières, modèle n° 223 ;

L'inventaire des pièces justificatives classées par chapitre et articles, cotées et numérotées, comme il est dit aux articles 1531 à 1542 de l'instruction générale du 20 juin 1859.

S'il s'agit d'un compte d'hospice ou d'établissement de bienfaisance, la délibération de la commission administrative, sur ce compte, doit être accompagnée de la délibération du conseil municipal sur le budget et le compte.

Quand la gestion a cessé dans le courant de l'année, le bordereau de situation est remplacé par une copie de la première partie du procès-verbal de remise de service, auquel est joint l'état (modèle n° 311) présentant le développement des comptes relatifs aux services hors budget. (I. g. art. 1551.)

13. Toutes les fois qu'il est fait plusieurs paiements pour l'acquittement d'un même service, le mandat de solde doit rappeler les pièces jointes au mandat de premier à-compte, et indiquer la date, le numéro de ce mandat, ainsi que l'article du compte de gestion auquel a été annexé ledit mandat.

En cas de paiement intégral, par le premier mandat, la totalité des pièces est produite à l'appui de ce mandat.

14. Les extraits des cahiers des charges, procès-verbaux d'adjudication, soumissions approuvées, marchés ou conventions, ou tous autres actes ou contrats délivrés sur papier libre, en exécution de l'article 1543 de l'instruction générale du 20 juin 1859, qui sont produits à l'appui des mandats, doivent contenir toutes celles des dispositions de l'acte original qui concourent au paiement et au réglement de la créance. Ils doivent également relater l'accomplissement de l'enregistrement et les autres formalités voulues par les règlements et instructions.

Si un extrait n'était pas suffisamment développé, le receveur municipal peut en exiger un plus complet.

15. Les extraits de décisions, produits à l'appui des paicments, doivent toujours énoncer les motifs qui établissent les droits des créanciers. *(Forme des extraits de décisions.)*

16. Les mandats, factures et états justificatifs à produire à l'appui des dépenses, doivent toujours indiquer la date précise de l'exécution des travaux, fournitures, ouvrages et autres frais de dépenses qu'il s'agit de payer. *(Forme des mandats, factures, etc.)*

17. Les factures et mémoires sont sujets au timbre même lorsqu'ils ont pour objet une dépense totale inférieure à 10 fr. (*cir. min. fin.* 17 *février* 1843, 6 *décembre* 1850; *cir. compt. fin n°* 83, § 2.) *(Timbre.)*

18. Lorsque le mandat est quittancé par le créancier réel de la commune ou de l'établissement charitable, il n'est pas nécessaire de fournir de quittance isolée et distincte. *(Quittance sur mandat.)*

Le mandat est, s'il y a lieu, soumis au timbre. Si la quittance est produite séparément, comme cela arrive lorsqu'elle doit être extraite d'un registre à souche ou à talon, ou si elle se trouve au bas des factures, mémoires ou contrats, le mandat n'en doit pas moins être quittancé *pour ordre*. *(Quittance distincte du mandat.)*

19. Lorsque des titres, factures ou mémoires timbrés portent quittance, ou que la quittance est produite séparément sur papier timbré, l'acquit donné *pour ordre* au bas des mandats, n'entraîne pas le timbre de ces mandats. *(Mandat acquitté pour ordre non sujet au timbre.)*

20. Toute expédition ou copie sujette au timbre doit être délivrée sur une feuille de 1 fr. 50 c., et ne contenir que vingt-cinq lignes à la page, quatorze à seize syllabes à la ligne, compensation faite les unes dans les autres, ou, autrement dit, écriture d'expédition. *(Expéditions de pièces. Conditions d'après lesquelles elles doivent être délivrées.)*

Il est interdit, sous peine d'une amende de 5 fr., d'expédier deux actes dans la même feuille. Il faut une feuille pour chaque expédition de ces actes. Le comptable doit refuser les expéditions ou copies qui ne remplissent pas les conditions réglementaires, mentionnées ci-dessus, et en exiger d'autres qui soient plus conformes aux lois et réglements. (L. 13 brumaire, an 7, art. 19, 20 et 26.)

Quittance donnée en présence du comptable.

21. Aucun paiement ne peut être fait que sur la quittance de la partie prenante donnée au moment du paiement et en présence du comptable.

Uniformité du nom de la partie prenante. Elle ne peut employer que son nom de famille.

22. Le comptable doit veiller à ce que les lettres, qui composent le nom de la partie prenante, soient les mêmes dans le corps du mandat que dans la signature.

La partie prenante ne peut signer d'autre nom que celui qu'il tient de sa famille, tel qu'il est écrit dans son acte de naissance.

La signature des noms de religions, ordinairement empruntés par les instituteurs et institutrices appartenant à des corporations religieuses, est une irrégularité qui peut entraîner, dans la comptabilité communale ou charitable, le rejet de la dépense.

Les ratures et surcharges doivent être approuvées.

23. Tout mandat et toute pièce de dépense, présentant, dans leurs parties manuscrites, des ratures ou surcharges non approuvées, doivent être refusées par le comptable, et ne peuvent donner lieu à paiement qu'après régularisation par le fonctionnaire qui a délivré le mandat ou la pièce.

Créancier réel.

24. La partie prenante dénommée dans le mandat, doit toujours être le créancier réel, c'est-à-dire la personne qui a fait le service, effectué les fournitures, les travaux, etc., ou qui a des droits directs et justifiés à la somme à payer.

Partie créancière décédée.

25. Dans le cas de décès, le mandat porte seulement l'indication que le paiement doit être fait *aux héritiers* du créancier réel, sans désigner quels sont ces héritiers. C'est au comptable que l'on doit justifier des droits à l'hérédité.

26. Dans une expropriation le comptable peut, quand il y a doute, exiger un certificat du greffier du tribunal qui a rendu le jugement constatant qu'il n'y a pas eu de pourvoi dans les trois jours de la notification de la décision du jury, ou copie de l'arrêt de rejet lorsque la cour de cassation a été saisie.

Expropriation. Certificat attestant qu'il n'y a pas eu pourvoi.

27. Les quittances des mandats de traitement, des instituteurs communaux et des institutrices communales, sont assujetties au timbre lorsque la somme payée par la commune est supérieure à 300 fr.; mais le droit de timbre est à la charge de la commune par application de l'art. 1248 du C. N., qui met les frais de payement à la charge des débiteurs. (Cir. m. Int., 16 janvier 1855.)

Timbre des mandats des instituteurs et institutrices.

28. Tous mémoires, factures, décomptes, lettres de voiture ou pièces quelconques de comptabilité, annexées aux mandats de paiement, et énumérant des quantités en poids ou mesures, doivent être rejetés si ces pièces expriment ces quantités autrement, qu'en poids et mesures décimaux, conformément à la loi du 4 juillet 1837.

Enumérations des quantités en poids et mesures décimaux.

29. Lorsque l'ayant droit n'est pas identiquement la personne dénommée dans un jugement d'expropriation ou dans tous autres contrats ou actes, le comptable doit exiger un arrêté du maire ou de l'établissement débiteur, constatant que la présentation des titres réguliers établissent bien la possession, et expliquent l'identité de l'ayant-droit.

Constatation d'identité de l'ayant droit.

30. Lorsque par suite de la négligence d'un entrepreneur, une régie a été organisée contre lui et à ses frais, la commune ou l'établissement est obligé de faire des avances pour cette régie, il sera produit au comptable, indépendamment des pièces exigées, d'après la nomenclature, un arrêté du maire motivant la régie, lequel arrêté sera approuvé par le préfet.

Régie d'entrepreneur. Justification.

31. Lorsque dans une entreprise, l'entrepreneur a été déclaré en débet, il sera produit au comptable, indépendam-

Débet d'entrepreneur.

ment des pièces exigées suivant le cas, par la nomenclature,
l'arrêté motivé du maire établissant le débet, lequel arrêté
sera approuvé par le préfet.

Procès-verbal de folle enchère remplaçant celui de l'adjudication primitive.

32. Lorsqu'une entreprise aura été résiliée et qu'une
réadjudication à la folle-enchère de l'entrepreneur aura été
prononcée, le procès-verbal de la folle-enchère remplacera
celui de l'adjudication primitive et le comptable devra dès lors
ne pas exiger à l'appui du mandat l'expédition timbrée du premier procès-verbal, mais bien celui de la réadjudication à la
folle-enchère.

Quittance notariée.

33. Toute partie prenante qui ne peut signer et qui a à
toucher une somme dépassant 150 fr. doit fournir une quittance notariée qu'on annexe au mandat et qu'on mentionne
dans le mandat à l'endroit ordinaire de l'acquit. (C. N.
Art. 1341).

Dispense de purge non applicable aux bureaux de bienfaisance

34. La dispense de purger les hypothèques accordée aux
communes par l'ordonnance du 18 avril 1842 ne s'étend pas
aux établissements de bienfaisance.

Mandat exempt de retenu pour pensions civiles.

35. Tout mandat délivré à un instituteur ou à une institu-
trice appartenant à une corporation religieuse est exempt de
la retenue pour les pensions civiles. (Circulaire du 15 mars
1854 insérée au Recueil des actes administratifs de 1854, sous
le N° 8, page 55).

Indigents.— Dépense de timbre à la charge de la commune ou de l'établisse- ment.

36. On ne doit jamais dispenser du timbre un mandat ou
un mémoire par la raison que les travaux sont faits par des
indigents, la commune ou l'établissement charitable devant,
dans tous les cas, supporter cette dépense de timbre. (C. N.
Art. 1248).

Bureau de bienfaisance— Dépense jusqu'à 2000 f.

37. Les bureaux de bienfaisance peuvent faire exécuter les
travaux de construction, ainsi que ceux de réparation et d'entretien, ordinaires ou extraordinaires, lorsqu'ils ne dépassent
pas 2,000 francs par marché de gré à gré, ou par voie de régie,
sans autre autorisation du préfet que le crédit ouvert pour le

paiement de ces travaux. (Ord. du 31 octobre 1821, art. 16, inst. du 8 février 1823).

Lorsque la dépense excède 2,000 francs, ces bureaux sont soumis aux règles applicables aux communes.

38. Les hospices peuvent, par une délibération qui devient exécutoire si elle n'a pas été annulée par le préfet dans les trente jours de la notification à ce magistrat, faire exécuter les travaux d'entretien et de construction de toute nature, par marché de gré à gré ou par voie de régie, lorsqu'ils ne dépassent pas 3,000 francs. (L. 7 août 1851. Article 8). *[marge : Hospices.— Dépenses jusqu'à 3000 f.]*

Lorsque ces travaux doivent occasionner une dépense au-delà de 3,000 francs, les hospices sont soumis aux régles applicables aux communes.

39. Le tarif des remises aux receveurs municipaux s'applique à l'ensemble des recettes et des dépenses faites pour le compte de la commune sans acception des comptables qui les ont effectuées. Par conséquent tout nouveau receveur ne doit jouir, sur la portion des recettes et des dépenses de chaque exercice qu'il est appelé à opérer, que de la somme de remises qui eût été liquidée sur cette portion d'opérations, si la gestion n'eût point été interrompue. (I.-G. Art. 1244 Mem. de 1847. P. 256). *[marge : Application du tarif des remises par exercice sans distinction de comptable.]*

40. Les remises portent sur les dépenses comme sur les recettes et sans distinction entre les dépenses ordinaires et les dépenses extraordinaires. *[marge : Les remises portent sur l'ensemble des opérations.]*

41. Les remises ne doivent pas être calculées cumulativement sur les recettes et les dépenses; mais l'on doit appliquer séparément aux recettes et aux dépenses les limites de 5,000 fr. 25,000 fr., etc. (M. 1847, p. 306). *[marge : Remises. — Application du tarif.]*

42. Le timbre des quittances fournies à l'Etat ou délivrées en son nom est à la charge des particuliers qui les donnent ou les reçoivent. (Art. 29 de la loi du 13 brumaire an VII). *[marge : Timbre des quittances fournies à l'Etat.]*

Syndicat. — Comptabilité assimilation.

43 Les percepteurs receveurs municipaux qui sont chargés par les associations syndicales du recouvrement et de l'emploi des fonds de ces associations doivent se conformer aux règlements qui régissent la comptabilité des communes et établissements de bienfaisance. (I. G. art.636 et 1575).

Droits et amendes sur timbre. — Ne peuvent être réclamées, dans certains cas, aux receveurs municipaux.

44. Une délibération du 11 juin 1852, approuvée le 15 du même mois par M. le Directeur général de l'administration de l'enregistrement et des domaines a consacré le principe que l'on ne peut réclamer aux receveurs municipaux les droits et amendes résultant de contraventions sur le timbre, commises soit dans des rôles de recouvrement, soit dans des actes administratifs ou dans des expéditions émanés d'un fonctionnaire ou d'un officier ministériel. Cette délibération a été rappelée par une lettre du 12 août 1862, de l'administration générale de l'enregistrement et des domaines.

Voici cette lettre :

Monsieur le Directeur,

En déclarant les receveurs des communes et des établissements publics passibles des droits et amendes de timbre dus à raison des pièces jointes à leurs comptes, les décisions ministérielles des 24 mai 1819 et 16 février 1835 (Journal de l'enregistrement 6421 et 11212) n'ont statué qu'en ce qui concerne les quittances qui leur sont données et qu'ils produisent à l'appui de leurs écritures. Dans ce cas l'inexécution de la loi est de leur fait et ils en sont responsables ; mais il n'en saurait être de même des contraventions commises soit dans des rôles de recouvrement, soit dans des actes administratifs ou dans des expéditions émanés d'un fonctionnaire ou d'un officier public. — A l'égard des actes et pièces de cette nature, les auteurs des contraventions sont seuls tenus des droits et amendes aux termes des articles 26 de la loi du 13 brumaire an VII et 79 de celle du 15 mai 1818. Aucune disposition de loi ni aucune décision administrative n'autorisent à réclamer ces droits et amendes aux receveurs municipaux. — *Une délibération du 11 juin 1852, approuvée le 15 du même mois, par M. le Directeur général, a consacré ces principes.*

Il vous sera facile de reconnaître par suite que les amendes relevées contre M.. receveur municipal pour défaut de timbre de diverses expéditions doivent être exclusivement réclamées aux auteurs de ces expéditions.

Recevez, etc.

L'Administrateur, signé : FINIEL.

CHAPITRE II.

Nomenclature générale par ordre alphabétique des pièces justificatives à produire à l'appui des comptes de gestion des Receveurs municipaux et des établissements charitables, en exécution de l'art. 1542 de l'instruction générale du 20 juin 1859 et de la jurisprudence administrative.

Ire SECTION. — **RECETTE**.

DÉSIGNATION DES RECETTES.	JUSTIFICATIONS.
1. ABANDON d'objets mobiliers pour faire admettre des pensionnaires dans l'hospice. C. 20 juillet 1833.	*Avec le premier compte :* 1° Décision du préfet autorisant l'acceptation ; 2° Acte notarié d'abandon sur papier libre ; 3° Copie (T) de la signification aux débiteurs de l'acte d'abandon ; 4° Acte (T) constitutif de l'objet abandonné. *Avec les comptes autres que le premier et le compte final :* 1° Extrait de la décision du préfet autorisant l'acceptation ; 2° Acte d'abandon sur papier libre. *Avec le compte final :* 1° Copie de la décision du préfet autorisant l'acceptation ; 2° Acte notarié d'abandon (T).

DÉSIGNATION DES RECETTES.	JUSTIFICATIONS.
2. Abandon de biens immobiliers pour faire admettre des pensionnaires dans l'hospice.	*Avec le premier compte :* 1° Décision du préfet autorisant l'acceptation ; 2° Acte notarié d'abandon sur papier libre ; 3° Copie (T) de la signification aux débiteurs de l'acte d'abandon ; 4° Bordereau de créance hypothécaire : 5° Acte (T) constituant le titre de l'objet abandonné ; 6° Les pièces constatant que la purge des hypothèques a eu lieu conformément à l'article 2194 C. N. *Avec les comptes autres que le premier et le compte final.* 1° Extrait de la décision du préfet autorisant l'acceptation ; 2° Extrait de l'acte d'abandon sur papier libre. *Avec le compte final.* 1° Extrait de la décision du préfet autorisant l'acceptation ; 2° Acte d'abandon (T).
3. Abonnement pour dégradation temporaire ou habituelle causée aux chemins vicinaux. L. 21 mai 1836, art. 14. Régl. 25 août 1854 art. 123. I. G. n° 25 art. 889.	Arrêté du préfet rendu en conseil de préfecture.

DÉSIGNATION DES RECETTES.	JUSTIFICATIONS.
4. AMENDES et confiscations attribuées aux établissements charitables. — I. G. N° 98 art. 1077.	Ampliation des états de distribution des amendes, arrêtés par le préfet, ou certificat du président de la commission administrative relatant les allocations faites à l'établissement.
5. AMENDES relatives au service de la garde nationale. – I. G. N° 3 art. 932 — L. 13 juin 1851, art. 72. L. 11 janv. 1852, art. 12.	Extrait de l'état de distribution certifié par le préfet, ou la copie certifiée par le maire, du mandat délivré au receveur municipal.
6. AMENDES de police municipale et rurale. I. G. N° 3 art. 929.	État certifié par le préfet des amendes dont le produit doit être versé au receveur municipal par le receveur de l'enregistrement, ou copie certifiée par le maire du mandat délivré au receveur municipal, ou, enfin, l'avis indiquant le montant des amendes à percevoir.
7. AMENDES de police correctionnelle.—I. G. N° 3 art. 929.	Extrait de l'état de distribution certifié par le préfet, ou la copie, certifiée par le maire du mandat délivré au receveur municipal.
8. AMENDES de grande voirie.– I. G. N° 3 art. 933.	Idem.
9. AMENDES pour délit dans les bois communaux.—I. G. 627 à 629 et 929 à 938.	Idem.

DÉSIGNATION DES RECETTES.	JUSTIFICATIONS.
10. AMENDES de police de chasse. —I. G. N° 3 art. 932. L. 3 mai 1844 art. 19.	Extrait de l'état de distribution certifié par le préfet, ou la copie, certifiée par le maire du mandat délivré au receveur municipal.
11. AMENDES contre les receveurs en retard de rendre leurs comptes.—I. G. art. 556. L. 18 juillet 1837, art. 68.	Ampliation de l'arrêté du conseil de préfecture.
12. ATTRIBUTION sur le prix des permis de chasse. — I. G. N° 2 art. 591, 597, 913 et 914. L. 3 mai 1844.	État nominatif des droits perçus certifié par le percepteur et visé par le maire. État, modèle n° 1 (1).
13. ATTRIBUTION sur la contribution des patentes.—I. G. N° 1 art. 120.	Extrait des rôles certifié par le receveur des finances ou par le percepteur, quand celui-ci n'est pas receveur municipal, et visé par le maire. Modèle n° 2.
14. AUMÔNES, quêtes ou collectes. — I. G. N°96, art. 1071 à 1073.	État certifié des produits dressé par le comptable et arrêté par le président de l'établissement.
15. BÉNÉFICES obtenus par la vente d'inscriptions de rentes sur l'Etat appartenant au fonds de retraite des employés de la mairie ou de l'octroi.— (Hors budget).	1° Bordereau de l'agent de change de la caisse des dépôts ; 2° Décomptes certifiés par la caisse des dépôts; 3° Bordereau récapitulatif desdits décomptes certifié par le comptable, visé par le maire.

(1) Cet état est fourni à l'époque de la première partie du compte, deuxième année de l'exercice.

DÉSIGNATION DES RECETTES.	JUSTIFICATIONS.
16. CAPITAUX des pupilles des bureaux de bienfaisance ou des hospices. — (Hors budget).	1° Ordre d'encaissement de l'administration au receveur ; 2° État indiquant la nature des produits, le nom des pupilles, dressé et arrêté par l'administrateur et visé par le comptable.
17. CAUTIONNEMENT versé par un adjudicataire ou un fermier, etc. — (Hors budget).	Extrait du cahier des charges indiquant le montant du cautionnement à fournir certifié conforme par le maire.
18. CENTIMES additionels ordinaires ajoutés aux contributions directes. -- I. G. N° 1 art. 13 à 17 et 120.	Extrait du rôle conforme au modèle n° 2.
19. CENTIMES pour frais d'expertise en matière de contributions directes. — I. G. N° 1 art. 139.	Idem.
20. CENTIMES pour l'instructiou primaire. — I. G. N° 1 art. 13 à 17 et 120.	Idem.
21. CENTIMES pour les chemins vicinaux. — I. G. N° 1 art. 14.	Idem.
22. CENTIMES pour frais de perception des centimes communaux. —I. G. N° 1 art. 18.	Idem.

DÉSIGNATION DES RECETTES.	JUSTIFICATIONS,
23. CENTIMES additionnels extraordinaires pour le garde champêtre. — I. G. N° 1 art. 13.	Extrait du rôle conforme au modèle n° 2.
24. CENTIMES additionnels extraordinaires pour insuffisances de revenus destinées à des dépenses obligatoires. — I. G. N° 1 art. 13.	Idem.
25. CENTIMES additionnels extraordinaires pour remboursement d'emprunt, indemnités de terrain, acquisition, construction ou réparation, etc. — I. G. N° 1 art. 13 à 17.	Idem.
26. CONCESSIONS de terrain dans les cimetières. — I. G. N° 16 art 927. D. 23 prairial an XII. D. 25 mars 1852. C. 5 mai 1852. D. 13 avril 1862.	Lorsque le produit paraît pour la première fois au compte, copie sur papier libre, certifiée par le maire, de l'arrêté du préfet, qui autorise la concession et en a fixé le tarif. Plus pour chaque compte les expéditions timbrées délivrées par le maire des actes de concession.
27. CONCESSIONS d'eau et autres dûment autorisées. — I. G. N° 15 art. 927.	Lorsque le produit paraît pour la première fois au compte, copie sur papier non timbré du tarif des droits.

DÉSIGNATION DES RECETTES.	JUSTIFICATIONS.
27. Concessions, etc. (*suite*).	Pour les concessions faites dans l'année, copie non timbrée des actes; pour les concessions faites pendant les années précédentes, état timbré certifié par le maire.
28. Consignations sur passe-debout. — I. G. N°39 art. 1102 et 1463. (Hors budget).	1° Bulletin de versement à la caisse municipale; 2° Relevés mensuels des recettes et des dépenses sur passe-debout.
29. Contingent des communes pour le service des enfants assistés.	Etat certifié par le comptable et visé par le préfet des mandats sur le receveur général qui ont été délivrés au receveur de l'hospice.
30. Contingents versés par d'autres communes pour des travaux ou des dépenses en commun. C. du 25 juillet 1841.	Expédition de l'arrêté ou de la décision du préfet fixant le contingent à payer par chaque commune.
31. Cotisations particulières. — I. G. N° 45 art. 1108 et 1476.	Rôles ou états établissant les taxes dûment rendus exécutoires.
32. Cotisations particulières pour pâturage, pavage, etc. — I. G. N° 23 art. 851 et 881.	La première fois l'arrêté ou la décision du préfet, qui a réglé les droits de pâturage, de pavage, etc. Les autres fois un état établissant la situation des recouvrements. Lors de l'apurement le rôle dûment rendu exécutoire par le préfet.
33. Coupe affouagère distribuée en nature. — I. G. N° 40 art. 874 et 1103. (Hors budget).	Certificat du maire constatant l'estimation de la coupe détaillée par quantité, par nature de produits et par contenance.

DÉSIGNATION DES RECETTES.	JUSTIFICATIONS.
34. Coupes de bois non soumis au régime forestier.	1° L'autorisation du préfet de procéder à la vente des coupes ; 2° Le cahier des charges, la première fois sur papier libre ; timbré au compte final ; 3° Le procès-verbal d'adjudication, la première fois sur papier libre ; timbré au compte final.
35. Coupes de bois d'affouage. — I. G. N° 19 art. 870 à 873.	Le rôle rendu exécutoire par le préfet T.
36. Coupes extraordinaires de bois.— I. G. N°s 33 et 101 art. 954 à 965.	1° Copies ou dates des décrets qui ont autorisé les ventes ; 2° Procès - verbaux d'adjudication T ; 3° Bordereau récapitulatif à l'appui des procès-verbaux dressé par le comptable.
37. Coupes ordinaires de bois. — I. G. N°s 18 et 86 art. 862 à 868 et 1057.	1° Procès-verbal d'adjudication T; 2° Bordereau récapitulatif dressé par le comptable.
38. Dégrévement de contributions en faveur d'une commune ou établissement public pour pertes, etc.	État dressé par le comptable et visé par le maire indiquant la date et le montant des ordonnances.
39. Dépôts de garantie et cautionnement pour adjudications et marchés (Hors budget). — I. G. N°s 41 et 109 art. 1026, 1028, 1104 et 1480.	État certifié par le maire des dépôts et des cautionnements qui ont dû être reçus, et présentant, dans des colonnes distinctes, les dépôts et les cautionnements en numéraire et en rente sur l'État.

DÉSIGNATION DES RECETTES.	JUSTIFICATIONS.
40. Dépôts d'argent et d'objets précieux. — I. G. Nº 112 art. 1111. (Hors budget).	État certifié par un membre de la commission administrative présentant le détail des objets existant à la fin de l'année précédente et de ceux qui ont été déposés depuis cette époque.
41. Donation. — I. G. Nºs 31 et 102 art. 946 et 947. L. 18 juillet 1837 art. 48. Ord. 6 juillet 1846. L. 7 août 1851. D. 25 mars 1852.	1° Ampliation du décret ou de l'arrêté du préfet autorisant l'acceptation de la donation ; 2° Expédition de l'acte de donation T; 3° État modèle n° 13. Quand ce n'est pas une somme fixe qui a été donnée, il sera produit en outre des pièces ci-dessus, un extrait certifié de l'inventaire, partage ou acte de vente établissant les droits de l'établissement donataire T.
42. Dons. — I. G. N° 96 art. 946, 947, 1071 à 1073.	1° Ampliation de l'arrêté du préfet autorisant l'acceptation ; 2° Déclaration portant offre du don s'il en a été fourni une ; dans le cas contraire, certificat du comptable attestant que le don a été versé par un anonyme.
43. Droits des pauvres sur les spectacles, bals et concerts. — I.G. N° 89, art. 1066. L.7 frimaire an v. D. 9 déc. 1809. L. 25 mars 1817 art. 131. L. de finances de chaque année.	1° L'ordre de versement remis au débiteur par l'administrateur ; 2° L'ordre d'encaissement délivré au receveur par l'administrateur ; 3° L'état récapitulatif des sommes encaissées ; 4° Quand il y a lieu, l'acte d'abonnement ou de mise en ferme.

DÉSIGNATION DES RECETTES.	JUSTIFICATIONS.
44. Droits de pesage, mesurage et jaugeage, *produit brut par régie intéressée.* — I. G. N° 10, art. 926. L. 29 floréal an X. Arrêté du gouvernement du 2 nivose an XII. L. 18 juillet 1837 art. 31 N° 8.	*Avec le premier compte.* 1° L'arrêté du préfet autorisant la perception des droits ; 2° Les bordereaux constatant les versements effectués à la caisse du comptable ; 3° Le compte des bénéfices partagés avec le régisseur. 4° Extrait non timbré du bail ou traité. *Avec les comptes autres que le premier et le compte final.* Les pièces énumérées aux N°s 2 et 3 ci-dessus. *Avec le compte final.* Le traité passé avec le régisseur intéressé T. plus les pièces énumérées aux N°s 2 et 3.
45. Droits de pesage, mesurage et jaugeage *produit brut par régie simple.* — I. G. N° 10, art. 926. L, 29 floréal an X. Arrêté du gouvernement du 2 nivose an XII. L. 18 juillet 1837, art. 31 N° 8.	*Avec le premier compte.* 1° L'arrêté du préfet autorisant la perception des droits ; 2° Un état des produits bruts divisé par mois et présentant les bases et le décompte de la perception ; cet état certifié par l'agent de la recette est arrêté par le maire. Les autres fois l'état précité seulement, sauf à rappeler dans ledit état la date de l'arrêté.

DÉSIGNATION DES RECETTES.	JUSTIFICATIONS.
46. Droits de pesage, mesurage et jaugeage *produit brut par bail à ferme.* — I. G. N° 10, art. 926. L. 29 floréal an X. Arrêté du gouvernement du 2 nivose an XII. L. 18 juillet 1837, art. 31 N° 8.	*Avec le premier compte.* 1° L'arrêté du préfet autorisant la perception des droits; 2° Copie du bail à ferme non timbrée. *Avec les comptes autres que le premier et le compte final.* Copie du bail à ferme non timbrée. *Avec le compte final.* Expédition du bail T.
47. Droits de pesage, mesurage et jaugeage *par adjudication.* — I. G. N° 10, art. 926. L. 29 floréal an X. Arrêté du gouvernement du 2 nivose an XII. L. 18 juillet 1837, art. 31 N° 8. D. 13 avril 1862.	*Avec le premier compte.* 1° L'arrêté du préfet autorisant la perception des droits; 2° Copie non timbrée du cahier des charges; 3° id. id. du procès-verbal d'adjudication. *Avec les comptes autres que le premier et le compte final.* Extrait non timbré du procès-verbal d'adjudication, renfermant le prix de l'adjudication et l'approbation par le préfet. *Avec le compte final.* 1° Copie timbrée du cahier des charges; 2° id. id. du procès-verbal d'adjudication T.

DÉSIGNATION DES RECETTES.	JUSTIFICATIONS.
48. Droits de station-nement sur la voie publique et sur les ports et rivières par adjudication. — I. G. N° 12, art. 925. L. 18 juillet 1837, art. 31 N° 6. D. 25 mars 1852. C. 5 mai 1852.	Même justification qu'à l'art. précédent.
49. Droits de station-nement sur la voie publique et sur les ports et rivières par régie intéressée.	Même justification qu'au N° 44.
50. Droits de loca-tion des places dans les halles, foires, marchés et abattoirs perçus par adjudication. — I. G. N° 11, art. 925. L. 28 mars 1790 et 11 fri-maire an VII. O. R. 30 décembre 1818. L. 18 juillet 1837, art. 31, N° 6.	Même justification qu'au N° 47.
51. Droits de location des places dans les halles, foires, marchés et abattoirs *par régie intéressée.*	Même justification qu'au N° 44.

DÉSIGNATION DES RECETTES.	JUSTIFICATIONS.
52. Droits de voirie (1) — I. G. N° 13, art. 925. O. R. 24 décembre 1823. L. 18 juillet 1837 art. 31. C. 2 avril 1841. D. 25 mars 1852.	*Avec le premier compte.* 1° L'arrêté du préfet qui a déterminé les droits à percevoir ; 2° Etats détaillés et certifiés des permissions accordées par le maire et des droits qui en sont résultés. *Avec les comptes subséquents* Les états cités au N.° 2 ci-dessus.
53. Droits d'octroi en régie simple. — I. G. N° 9. C. 31 janvier 1828.	1° Le décret impérial qui autorise l'octroi et qui fixe le tarif ; 2° Le bordereau récapitulatif (Modèle Q) arrêté à la fin de l'année par le directeur des contributions indirectes et accompagné d'un relevé sommaire par bureau de perception, que l'agent chargé du contrôle administratif doit former et remettre au receveur municipal pour les recettes constatées par les états que cet agent reçoit chaque mois des receveurs d'octroi ; 3° Un bordereau formé par le receveur municipal, certifié par le maire et présentant le montant, par bureau de perception, des bulletins de versements faits à la caisse du comptable.

(1) Ces droits consistent en permission d'établissement d'échoppe, de pose d'enseignes, de balcons, d'ouvertures donnant sur la voie, etc.

DÉSIGNATION DES RECETTES.	JUSTIFICATIONS.
54. Droits d'octroi *en régie intéressée.* — I. G. N° 9, art. 915 à 920 et 936 à 938. C. 31 janv. 1828.	*Avec le premier compte.* 1° Le décret impérial qui a autorisé l'octroi et qui fixe le tarif ; 2° Le bordereau récapitulatif (Modèle Q) arrêté à la fin de l'année par le directeur des contributions indirectes et accompagné d'un relevé sommaire par bureau de perception que l'agent chargé du contrôle administratif doit former et remettre au receveur municipal pour les recettes constatées par les états que cet agent reçoit chaque mois des receveurs d'octroi ; 3° Un bordereau formé par le receveur municipal, certifié par le maire, et présentant le montant, par bureau de perception, des bulletins de versements faits à la caisse du comptable. 4° Copie non timbrée du bail ou traité ; 5° A la fin de chaque année le compte provisoire des bénéfices partagés avec le régisseur. *Avec les comptes autres que le premier et le compte final.* Toutes les pièces énumérées aux N°s 2, 3, 4 et 5. *Avec le compte final.* Les pièces mentionnées aux N°s 2 et 3, plus : 1° Le compte définitif des bénéfices partagés avec le régisseur ; 2° Expédition du bail T.

DÉSIGNATION DES RECETTES.	JUSTIGATIONS.
55. DROITS d'octroi *en ferme*. — I. G. N° 9.	*Avec le premier compte.* 1° Le décret impérial qui autorise l'octroi et qui fixe le tarif ; 2° Copie non timbrée du bail ; 3° Note de renseignements (Modèle N.° 304.) *Avec les comptes autres que le premier et le compte final.* 1° Extrait non timbré du bail relatant principalement le prix de la ferme et la date de l'approbation du bail ; 2° Note de renseignements (Modèle N.° 304.) *Avec le compte final.* 1° Expédition timbrée du bail. 2° Note de renseignements (Modèle N.° 304.)
56. DROITS d'octroi *perçus par abonnement avec la régie des contributions directes* — I. G. N° 9.	*Avec le premier compte.* 1° Le décret impérial qui autorise l'octroi et qui fixe le tarif ; 2° L'acte non timbré d'abonnement et la convention faite avec la régie pour les traitements fixes ou éventuels des préposés ; 3° Les bordereaux constatant les versements effectués à la caisse municipale ; 4° Le bordereau récapitulatif arrêté, à la fin de l'année, par le directeur des contributions indirectes, ou le chef de service de l'arrondissement, contradictoirement avec le maire.

DÉSIGATION DES RECETTES.	JUSTIFICATIONS.
56. DROITS d'octroi, etc. (*suite*).	*Avec les comptes subséquents.* Les pièces énumérées aux Nᵒˢ 2, 3 et 4.
57. DROITS d'octroi — *recettes accessoires.* — I. G. Nᵒ 9. — C. 12 décembre 1828.	*Avec le premier compte.* 1ᵒ Le décret impérial qui autorise l'octroi et qui fixe le tarif ; 2ᵒ Les extraits dûment certifiés des réglements de l'octroi et les actes qui ont fixé les recettes accidentelles. *Avec les comptes subséquents.* Les extraits dûment certifiés des règlements de l'octroi et les actes qui ont fixé les recettes accessoires.
58. DROITS d'expédition d'actes de l'état civil. — I. G. Nᵒ 17, art. 928.	Etat certifié par le maire, indiquant la nature et le nombre d'actes dont il a été délivré des expéditions ainsi que le produit des droits. Quand il n'a été délivré aucune expédition un certificat négatif du maire.
59. DROITS d'expédition des actes administratifs. — I. G. Nᵒ 17, art. 928.	Idem.
60. DROITS perçus dans les écoles préparatoires à l'enseignement et dans les écoles préparatoires de médecine et de pharmacie. — I. G. Nᵒ 21, art. 879.	Etat des droits perçus conforme au Modèle N.ᵒ 102.

DÉSIGNATION DES RECETTES.	JUSTIFICATIONS.
61. Emprunts. — I. G. N° 34, art. 967 à 970. — L. 18 juillet 1837, art. 45. — D. 25 mars 1852 N° 37 et T du tableau A	1° Date de la loi ou ampliation du décret d'autorisation ; 2° Copie certifiée par le maire des actes qui ont réglé les conditions de l'emprunt, timbrée si c'est la copie qui a été délivrée à la commune pour lui servir de titre.
62. Emprunts à des particuliers de gré à gré.	1° Copie de l'arrêté du préfet, du décret ou de la loi portant autorisation d'emprunter ; 2° Expédition de l'acte passé entre le prêteur et la commune T.
63. Emprunt à la caisse des dépôts et consignations.	1° Copie de l'arrêté du préfet, du décret ou de la loi portant autorisation d'emprunter. 2° Avis du versement de la caisse des dépôts donné par le receveur des finances.
64. Emprunt à des particuliers par voie de concours.	1° Copie de l'arrêté du préfet, du décret ou de la loi portant autorisation d'emprunter; 2° Expédition T du cahier des charges ; 3° Expédition T de l'adjudication.
65. Encaissement de capitaux provenant des pupilles des hospices, décédés.	1° Expédition T du jugement qui envoie l'hospice en possession ; 2° Ordre d'encaissement de l'administrateur au receveur indiquant l'origine de la somme à encaisser ;

DÉSIGNATION DES RECETTES.	JUSTIFICATIONS.
65. ENCAISSEMENT etc. (*suite*).	3° Bordereau récapitulatif des ordres de l'administration arrêté et signé par lui et par le comptable.
66. ENCAISSEMENT du prix une fois payé pour admission de pensionnaires à l'hospice.	1° Délibération approuvée par le préfet déterminant la somme à payer; 2° Expédition timbrée de l'acte intervenu entre le pensionnaire et l'administration.
67. EXCÉDANTS de versements sur les produits communaux. (Hors budget). — I. G. N° 42. — Art. 888 N° 8, 910, 1038 et 1105.	Relevé dressé par le receveur et certifié par le maire des excédants par nature de produits.
68. FERMAGE en argent des biens ruraux. —I. G. N° 83, art. 1056.	*Avec le premier compte et les comptes autres que le compte final.* Copie non timbrée du titre. *Avec le compte final.* Expédition timbrée du bail ou tout autre titre constitutif de la ferme T.
69. FONDS alloués aux établissements de bienfaisance sur l'octroi et sur les autres fonds communaux. — I. G. N° 88, art. 1065 et 1074.	Extrait du budget de la commune, et, s'il y a lieu, des autorisations supplémentaires.

DÉSIGNATION DES RECETTES.	JUSTIFICATIONS.
70. Fonds de retraites. (Hors budget). — I. G. Nᵒˢ 38 et 108. — Art. 1007, 1096, 1097, 1100, 1462 et 1485.	La première fois 1° ampliation ou extrait des décisions qui déterminent les retenues; 2° Etat nominatif annuel, arrêté par le maire, des employés qui ont subi les retenues et indiquant, avec le chiffre des traitements, le montant et la nature de ces retenues. Quant à la part revenant aux fonds de retraite dans le produit des saisies et amendes d'octroi, les états de répartition T dressés par le maire. Les autres fois les états indiqués au N° 2 qui précède.
71. Forcement en recette sur remises trop perçues. — C. 25 juillet 1841.	Quittance à souche du comptable délivrée à lui-même.
72. Forcement en recette sur remises perçues en trop sur centimes communaux. — C. 25 juillet 1841.	Idem.
73. Forcement en recette pour payement de dépenses irrégulières. — Arrêt du C. d'Etat du 3 janvier 1848.	Copie ou extrait de l'arrêté ou décision ordonnant le reversement.
74. Forcement en recette pour apurement d'un produit arriéré. — C. 25 juillet 1841.	Copie ou extrait de la décision ou de l'arrêté ordonnant l'apurement du produit.

DÉSIGNATION DES RECETTES.	JUSTIFICATIONS.
75. FRAIS de recépage et d'élagage d'office d'arbres bordant les chemins vicinaux. — L. 21 mai 1826. — R. 25 août 1854 sur les chemins vicinaux.	Décision du juge de paix portant règlement des frais.
76. INDEMNITÉ pour la rédaction des actes d'enrôlement volontaires.—C. 25 septembre 1827.	Etat, certifié par le comptable et visé par le sous-intendant militaire, des mandats délivrés au receveur municipal, sur le payeur, pendant l'année.
77. IMPOSITIONS locales extraordinaires de toutes natures.— I. G. N° 29, art. 13 à 17, 942 et 943.	1° Les ampliations, ou extraits, certifiés par le maire, des lois, décrets, ou arrêtés préfectoraux qui autorisent les impositions ; 2° L'extrait des rôles, certifié par le receveur des finances et visé par le maire (Modèle N.° 2.) — Voir les numéros 23 et suivants.
78. INTÉRÊTS de capitaux.	Copie non timbrée du titre.
79. INTÉRÊTS des fonds placés au Trésor public. — I. G. N° 27.— Art. 766, 774 et 940.	Ampliation des décomptes annuels certifiés par le receveur des finances.
80. INTÉRÊT de prix de vente.	Décompte nominatif d'intérêts dressé par le comptable au moment de chaque paiement et certifié par le maire.

DÉSIGNATION DES RECETTES,	JUSTIFICATIONS.
81. Intérêts 5 0/0 à payer par les adjudicataires de coupes de bois pour retard d'acquitter leur traite.	Décompte indiquant les intérêts à payer au moment du paiement dressé par le comptable et visé par le maire.
82. Intérêts de cautionnements des adjudicataires ou fermiers.	Décompte dressé par le comptable et visé par le maire.
83. Intérêts mis à la charge d'un comptable pour débet, déficit, ou dissimulation de recette. — Avis du C. d'Etat du 12 novembre 1811, approuvé le 24 mars 1812.	Décompte dressé par le maire.
84. Journées de militaires.	Voir produit de journées, etc., n° 128.
85. Journées de pensionnaires.	Voir produit de journées, etc., n° 127.
86. Legs.— I. G. N°s 31 et 102, art. 954 à 965. — L. 18 juillet 1837, art. 48.— D. 25 mars 1852. — D. 13 avril 1862. (1).	1° Ampliation de l'arrêté du préfet ou du sous-préfet qui a autorisé l'acceptation du legs ; 2° Copie ou extrait *parte in quâ* du testament T ; 3° État modèle n° 12. Quand le legs n'est pas une somme fixe, il sera produit en outre : Un extrait certifié de l'inventaire, partage ou acte de vente établissant les droits de l'établissement légataire T.

(1) Lorsque la commune ou l'établissement légataire a pris, après l'autorisation d'acceptation , une délibération pour accepter définitivement la libéralité, cette délibération doit être enregistrée au droit fixe de 2 francs conformément à l'art. 8 de la loi du 18 mars 1850.

DÉSIGNATION DES RECETTES.	JUSTIFICATIONS.
87. LEVÉE de troncs pour les pauvres.	État récapitulatif des procès-verbaux de levée dressé par le comptable et arrêté par l'administrateur.
88. NON-VALEURS, C. M. 31 août 1842.	Voir cote irrécouvrable.
89. OCTROI. Amendes et confiscations relatives à l'octroi. (Hors budget.) — I. G. N° 39, art. 1102, 1462, 1540.	1° Bulletins de versements à la caisse municipale ; 2° Procès-verbaux ou copies des procès-verbaux constatant les contraventions, les transactions ou les jugements intervenus ; 3° Actes de vente s'il y a lieu T.
90. OCTROI. Consignations pour saisies et amendes. (Hors budget). — I. G. N° 39, art. 1102, 1462, 1540.	1° Bulletins de versements à la caisse municipale ; 2° Procès-verbaux constatant les contraventions, les transactions ou les jugements intervenus ; 3° Actes de vente s'il y a lieu T.
91. OCTROI. Consignation sur passe-debout. (Hors budget). — I. G. N° 39 art. 1102 et 1463.	1° Bulletins de versements à la caisse municipale ; 2° Relevés mensuels des recettes et des dépenses sur passe-debout.
92. OCTROI. Portion des saisies et amendes appliquées au fonds de retraite des employés de l'octroi. (Hors budget.)	1° Bordereau récapitulatif de la régie, vérifié par le directeur des contributions indirectes, visé par le maire ; 2° Tableau d'appointements de la régie ; 3° État de la régie.

DÉSIGNATION DES RECETTES.	JUSTIFICATIONS.
93. Octroi produit net des ventes faites dans les entrepôts. (Hors budget). — I. G. N° 39, art. 1102 et 1465.	1° Procès-verbaux constatant le produit des ventes ; 2° Pièces justificatives des déductions à opérer sur ce produit.
94. Octroi remises allouées aux employés par l'administration des contributions indirectes (Hors budget). — I. G. N° 39, art. 1102 et 1464.	1° Bulletin de versements à la caisse municipale ; 2° Décomptes de remises revenant aux employés.
95. Part allouée aux pauvres ou aux hospices dans le produit des concessions de terrain dans les cimetières. — I. G. N°ˢ 46 et 100, art. 927·	Relevé certifié par le maire des taxes de concessions indiquées au n° 26.
96. Pensions à prix de journées. — I. G., art. 1068.	*Avec le premier compte.* 1‘ Copie de l'arrêté qui a fixé le prix des pensions ; 2° État nominatif trimestriel portant décompte des sommmes dues. *Avec les comptes subséquents.* État nominatif trimestriel portant décompte, rappelant la date de l'arrêté qui a fixé le prix des pensions.
97. Pensions annuelles. — I. G. N° 92, art. 1069.	*Avec le premier compte.* 1° Copie du titre constitutif approuvé par le préfet ;

DÉSIGNATION DES RECETTES.	JUSTIFICATIONS.
97. PENSIONS, etc. (*suite*).	2° États nominatifs trimestriels rappelant les conditions d'admission et portant décompte des sommes dues. *Avec les comptes subséquents.* 1° États trimestriels rappelant les conditions d'admission et portant décompte des sommes dues.
98. PLUS value attribuée à des travaux communaux. — L. 16 septembre 1807, art. 30.	1° Expédition du procès-verbal d'estimation dressé par les experts T; 2° Expédition du jugement d'homologation par la commission T.
99. PORTION de rente échue à l'époque du rachat.	Décompte détaillé dressé par le comptable et visé par le maire.
100. PRESTATIONS pour les chemins vicinaux. —I. G. N° 24, art. 835 à 888.	Voir le n° 168.
101. PRIX de vente annuelle de feuilles de mûrier.	1° Copie du cahier des charges T; 2° id. de l'adjudication ou du marché T, approuvé par le préfet.
102. PRIX de vente annuelle de la récolte des noyers et autres arbres à fruits.	Idem.
103. PRIX de vente annuelle de la vidange des fosses d'aisance.	1° Copie du cahier des charges T; 2° id. de l'adjudication ou du marché T, approuvé par le préfet.

DÉSIGNATION DES RECETTES.	JUSTIFICATIONS.
104. Prix de ferme payé en argent.	*Avec le premier compte.* 1° Copie du cahier des charges, papier libre, approuvé par le préfet; 2ʳ id. du bail papier libre. *Avec les comptes autres que le premier et le compte final.* État modèle n° 3. *Avec le compte final.* 1° Copie du cahier des charges T; 2° Copie du bail T.
105. Prix de ferme payée en denrées. — I. G. 106, art. 1078, 1079, 1460 et 1576.	*Avec le premier compte.* 1° Copie du cahier des charges non timbrée approuvé par le préfet ; 2° id. du bail non timbrée approuvé par le préfet ; 3° Un état de conversion des denrées en argent, dressé et certifié par le comptable, d'après le prix moyen des mercuriales au marché le plus voisin et visé par le maire; 4° État modèle n° 3. *Avec les comptes autres que le premier et le compte final.* 1° État modèle n° 3; 2° id. de conversion mentionné au N° 3 ci-dessus. *Avec le compte final.* 1° Copie du cahier des charges T ; 2° id. du bail T ; 3° L'état de conversion sus mentionné ; 4° État modèle n° 3.

DÉSIGNATION DES RECETTES.	JUSTIFICATIONS.
106. Prix de ferme du four communal. — I. G. N° 4, art 854 à 858.	*Avec le premier compte.* 1° Copie non timbrée du cahier des charges approuvé par le préfet ; 2° id. du bail ; 3° Copie du récépissé ou du bordereau d'inscription hypothécaire constatant la réalisation du cautionnement prévu par le cahier des charges, ou, le cas échéant, copie de l'arrêté du maire approuvé par le préfet indiquant les motifs de la non réalisation du cautionnement ; 4° État modèle n° 3. *Avec les comptes autres que le premier et le compte final.* État modèle n° 3. *Avec le compte final.* 1° Copie T du cahier des charges ; 2° id. du bail ; 3° Copie T du récépissé ou du bordereau d'inscription hypothécaire constatant la réalisation du cautionnement prévu par le cahier des charges, ou, le cas échéant, copie T de l'arrêté du maire approuvé par le préfet indiquant les motifs de la non réalisation du cautionnement ; 4° État modèle n° 3.

Nota. — Quand les propriétés sont indivises entre plusieurs communes, les pièces justificatives doivent être produites par le comptable centralisateur. Quant à chacune des autres communes, il doit être produit un certificat du maire indiquant la date du titre, la somme totale à recouvrer et la part revenant à la commune.

DÉSIGNATION DES RECETTES.	JUSTIFICATIONS.
107. Prix de ferme des bâtiments communaux. — I. G. N° 4, 854 à 858.	Mêmes justifications qu'à l'art. 106.
108. Prix de ferme des bâtiments appartenant aux établissements charitables. — I. G. Nos 4 et 82, art. 854 à 858 et 1056.	Idem.
109. Prix de ferme des égoûts des fontaines. — I. G. Nos 4 et 83, art. 854 à 858 et 1056.	Idem.
110. Prix de ferme de biens ruraux. — id.	Idem.
111. Prix de ferme des droits de pêche. — I. G. Nos 4 et 83, art. 854 à 858 et 1056.	Idem.
112 Prix de ferme des droits de chasse. — I. G. Nos 4 et 83, art. 854 à 858 et 1056.	Idem.
113. Prix de ferme des carrières appartenant aux communes ou aux établissements charitables. — I. G. Nos 4 et 83, art. 854 à 858 et 1056.	Idem.

DÉSIGNATION DES RECETTES.	JUSTIFICATIONS.
114. Prix de ferme de l'établissement d'eaux minérales. — I. G. N° 5 et 83, art. 859 et 1056.	Mêmes justifications qu'à l'art. 106.
115. Produit de l'établissement d'eaux minérales par régie simple. — I. G. N°s 5 et 83, art. 859 et 1056.	1° Arrêté du préfet qui a autorisé la régie ; 2° Copie du compte du régisseur comptable faisant ressortir le produit net revenant à la commune ou à l'établissement propriétaire.
116. Produtis accessoires des bois communaux par traité direct. — I. G. n° 20, art. 875 à 878.	Procès-verbal de délivrance T, délivré par l'administration des forêts.
117. Produits accessoires des bois communaux par suite d'adjudication publique. — I. G. n° 20.	Procès-verbal d'adjudication T, fourni par l'administration des forêts.
118. Produits de vente d'immeubles par adjudication. — I. G. N°s 30 et 105, art. 944 et 945. D. 25 mars 1852.	*Avec le premier compte.* 1° Ampliation de l'arrêté du préfet qui a autorisé la vente ; 2° Copie non timbrée du cahier des charges approuvé par le préfet ; 3° Copie non timbrée du procès-verbal d'adjudication ou de l'acte qui a déterminé le prix et les conditions de paiement approuvé par le préfet ; 4° Décompte de la recette en capital et intérêts. Modèle n° 315.

DÉSIGNATION DES RECETTES.	JUSTICATIONS.
118. Produits de vente, etc. (*suite*).	*Avec les comptes autres que le premier et le compte final.* 1° Décompte de la recette en capital et intérêts. Modèle n° 315. *Avec le compte final.* 1° Copie T du cahier des charges approuvé par le préfet ; 2° Copie T. du procès-verbal d'adjudication ou de l'acte qui a déterminé le prix et les conditions de paiement ; 3° Décompte de la recette en capital et intérêts. Modèle n° 315.
119. Produits de vente d'immeubles par acte sous seing privé ou notarié.	Même justification qu'à l'article précédent à l'exception du procès-verbal d'adjudication qui est remplacé par l'acte sous-seing privé ou l'acte notarié.
120. Produits de vente de meubles par adjudication. — I. G. N°s 30 et 105, art. 944 et 74. D. 25 mars 1852.	Même justification que pour les ventes d'immeubles par adjudication. Voir n° 118.
121. Produits de vente de meubles par acte sous seing privé ou notarié.	Même justification que pour les ventes d'immeubles par acte sous-seing privé ou notarié.
122. Produits du collège communal. — I. G. N° 22 art. 880.	Copie dûment certifiée du compte-rendu par le principal et faisant ressortir le bénéfice de la gestion annuelle du collége, et, lorsque la rétribution payée par les élèves est perçue au profit de la commune,

DÉSIGNATION DES RECETTES.	JUSTIFICATIONS.
122. Produits du collége, etc. (*suite*).	états nominatifs trimestriels portant décompte de cette rétribution.
123. Produits des enrôlements volontaires.— I. G. N° 28 art. 941.	Copie certifiée par le comptable des mandats délivrés par les intendants militaires, ou un certificat du préfet, indiquant le nombre d'actes d'enrôlements volontaires reçus pendant l'année et le produit total de ces actes.
124. Produit de l'amortissement des rentes sur particulers. I. G. N° 32, art 953.	Décompte dûment arrêté par le préfet indiquant la recette annuelle, le taux, l'échéance, le capital et la date de l'amortissement T.
125. Produit de l'amortissement des rentes sur particuliers lorsque le remboursement est fait sous la déductiou d'un 5° du capital. — I. G. N° 32, art. 953. C. M. Int. du 24 septembre 1825.	1° Ampliation de l'arrêté du préfet autorisant le remboursement sous la déduction d'un cinquième du capital ; 2° Décompte arrêté par le préfet indiquant la rente annuelle, le taux, l'échéance, le capital et la date de l'amortissement T.
126. Produit de la vente d'inscription de rente sur l'État.— I. G. N° 35 art. 972 et 973.	1° Ampliation de l'arrêté du préfet qui a autorisé la vente ; 2° Le bordereau de l'agent de change qui en établit le prix T.
127. Produits de marchés de bois non soumis au régime forestier.—I. G. art 875.	1° Copie de l'autorisation du préfet de procéder à la vente ou délivrance. 2° Expédition timbrée du procès-verbal de vente ou de délivrance.

DÉSIGNATION DES RECETTES.	JUSTIFICATIONS.
128. PRODUIT de con-damnations judiciaires	Copie T certifiée par le maire du jugement ou arrêt.
129. PRODUITS recou-vrés en vertu de con-ventions verbales.	Décision du maire portant invita-tion au receveur de recouvrer les produits.
130. PRODUIT des pro priétées exploitées par l'administration. — I. G. N° 107 art. 1078, 1079, 1460 et 1576.	Etat Modèle N° 4.
131. PRODUITS des biens mobiliers et im-mobiliers des pupilles. (Hors budget).—I. G. N° 111, art. 1070 et 1110.	Etat des sommes reçues pour le compte de chaque enfant, certifié par le président de la commission administrative.
132. PRODUIT des ré-sidus et menus objets.	Etat Modèle N° 4.
133. PRODUITS des pen-sions annuelles payées par des tiers.	*Avec le premier compte.* 1° Délibération approuvée par le préfet fixant la pension annuelle à payer; 2° Copie de l'acte constitutif passé entre le souscripteur et l'adminis-tration. *Avec les comptes autres que le premier et le compte final.* 1° Certificat du comptable rappe-lant la date et les principales dispo-sitions de l'arrêté du préfet relatif à la pension annuelle à payer;

DÉSIGNATION DES RECETTES,	JUSTIFICATIONS.
133. Produits des pensions, etc. (*suite*).	2° Certificat du comptable rappelant la date et les principales dispositions de l'acte constitutif passé entre le souscripteur et l'administration. *Avec le compte final.* 1° Délibération approuvée par le préfet fixant la pension annuelle à payer; 2° L'acte T constitutif passé entre le souscripteur et l'administration.
134. Produit des journées de militaires malades. — I. G. N° 90, art. 1067.	Décompte arrêté contradictoirement entre la commission administrative et l'intendant militaire ou certificat du président de la commission administrative relatant, avec leurs numéros et leurs dates, les mandats de remboursement émis sur la caisse du payeur.
135. Produit du prix des journées de malades et incurables indigents envoyés par d'autres communes.— Art. 3 de la loi du 7 août 1851.	1° Copie de la délibération du conseil général qui désigne l'hospice; 2° Tarif du prix des journée arrêté par le préfet; 3° Etats individuels détaillants les prix des journées arrêté par le préfet; 4° Résumé de ces états dressé par le comptable et arrêté par l'administrateur.
136. Produit du travail de l'établissement. — I. G. N° 94, art. 1070.	Etat détaillé des objets confectionnés, avec leur évaluation en deniers, certifié par l'économe et visé par le président de la commission administrative.

DÉSIGNATION DES RECETTES.	JUSTIFICATIONS.
137. Produit de la pharmacie de l'établissement.— I. G. N° 93.	Etat détaillé des livraisons faites avec leur évaluation en argent, certifié par l'économe et visé par le président de la commission administrative.
138. Produit des dons mobiliers de toute nature cédés par les pensionnaires de l'hospice. — I. G. N° 96, art. 1071 à 1073.	*Avec le premier compte.* 1° Etat détaillé des objets cédés; Modèle N° 4 ; 2° Copie de l'acte de cession; 3° Copie des actes constitutifs des rentes, pensions, revenus, etc. *Avec les comptes autres que le premier et le compte final.* 1° Etat détaillé des objets cédés; Modèle N° 4 ; 2° Copie de l'acte de cession. *Avec le compte final.* 1° Etat détaillé des objets cédés; Modèle N° 4 ; 2° L'acte de cession T; 3° Copies ou les actes mêmes constitutifs des rentes, pensions, revenus, etc.
139. Produit des ventes d'effets mobiliers des malades décédés dans les hospices par voie d'adjudication. — I. G. N° 95, art 1070.	Procès-verbal d'adjudication T.

DÉSIGNATION DES RECETTES.	JUSTIFICATIONS.
140. Produit des ventes directes et sans concours d'effets mobiliers des malades décédés dans les hospices. — I, G. N° 95, art. 1070.	1° Ordre d'encaissement fourni par l'administration ; 2° Etat des ventes effectuées dressé par le comptable et visé par l'administrateur.
141. Produit des ventes de denrées inutiles à l'hospice par voie d'adjudication. — I. G. N° 99, art. 1080 et 1460. — C. 25 juillet 1841.	1° Procès-verbal d'adjudication T; 2° Certificat du président de la commission administrative établissant l'origine des produits vendus. (Certificat nécessaire pour la liquidation des remises du receveur).
142. Produit des ventes de denrées inutiles à l'hospice, par voie de traité ou de marché direct, — I. G. N° 99 art. 1080 et 1460. C 25 juillet 1841.	1° Copie du traité ou marché T ; 2° Etat détaillé des produits ; 3° Certificat du président de la commission administrative établissant l'origine des produits vendus. (Certificat nécessaire pour la liquidation des remises du receveur).
143. Rachat de rentes perpétuelles en denrées. — L. 29 décembre 1790 titre III.	1° Décision du préfet autorisant le rachat ; 2° Expédition T de l'acte constitutif de la créance ; 3° Certificat du comptable visé par le maire indiquant l'époque du rachat.
144. Rachat de rentes perpétuelles en argent. — I. G. N°s 32 et 103, art. 953.	1° Décision du préfet autorisant le rachat ; 2° Copie T de l'acte constitutif de la créance ;

DÉSIGNATION DES RECETTES.	JUSTIFICATIONS.
144. Rachat de rentes etc. (*suite.*)	3° Certificat du comptable visé par le maire constatant l'époque du rachat et indiquant le nom de la personne qui a payé.
145 Rachat de rentes perpétuelles en argent, *lorsque le rachat est fait sous la déduction d'un 5ᵉ du capital.* — I. G. Nᵒˢ 32 et 103, art. 953.	1° Ampliation de l'arrêté du préfet autorisant le rachat sous la déduction d'un 5ᵉ du capital ; 2° Décompte dressé par le comptable et arrêté par le préfet indiquant la rente, le taux, l'échéance et le capital T ; 3° L'acte constitutif T.
146. Recette de fonds avancés par la commune pour travaux éxécutés d'office.	1° Expédition de l'arrêté du préfet ordonnant l'exécution d'office des travaux ; 2° Rôle T de recouvrement dressé par l'agent qui a dirigé et payé les ouvriers, visé par le maire et rendu exécutoire par le préfet.
147. Recette des créances dues par les héritiers des pupilles.	Bordereau détaillé des créances certifié par l'administrateur et visé par le comptable.
148. Recette par suite de dépôts faits aux receveurs du bureau de bienfaisance ou de l'hospice. (Hors budget).	Déclaration signée par le déposant, visée par l'administrateur, indiquant la nature et la valeur des objets déposés.
149. Recettes faites avant l'ouverture de l'exercice. (Hors budget). — 1. G. Nᵒˢ 47 et 113, art. 1109 et 1492.	Etat détaillé des recettes certifié par le maire.

DÉSIGNATION DES RECETTES.	JUSTIFICATIONS.
150. Recettes accidentelles.— I. G. N° 38 art. 1096 et 1845. (Hors budget).	1° Titres qui constituent les produits, timbrés ou non timbrés, suivant le cas ; 2° Etats dûment arrêtés qui en déterminent le montant ; 3° Copie du compte remis par la caisse des dépôts. (Quand il s'agira de legs, don ou donation voir ces mots).
151. Recettes accidentelles et imprévues. (Hors budget) I. G. N° 37, art. 971.	1° Titres, timbrés ou non timbrés suivant le cas, qui constituent les produits ; 2° Etats dûment arrêtés qui en déterminent le montant.
152. Règlement de sinistre avec une compagnie d'assurance contre l'incendie.	1° Expédition de l'estimation contradictoire T ; 2° Ordre d'encaissement délivré par le préfet.
153. Remboursement des dépens avancés par suite d'expropriation pour cause d'utilité publique.	Copie T de la décision du jury spécial d'expropriation condamnant les expropriés à des frais et dépens.
154. Remboursement par les héritiers des pupilles de l'hospice.	1° Copie T de l'acte établissant les droits de l'hospice ; 2° Expédition de la délibération de la commission administrative de l'hospice indiquant les sommes et les intérêts dûs, laquelle délibération approuvée par le préfet.

DÉSIGATION DES RECETTES.	JUSTIFICATIONS.
155. Remboursement d'avances faites à l'occasion de poursuites par huissier.	Déclaration de recette dressée par le comptable indiquant où se trouve la pièce justificative des frais exposés et compris au compte précédent ou au présent compte.
156. Remboursement d'avances faites à l'occasion de poursuites par porteur de contraintes.	Idem.
157. Remboursement de frais d'inscription hypothécaire.	Idem.
158. Remboursement de contributions par des fermiers de biens communaux.	Etat dressé par le percepteur et visé par le maire.
159. Remboursememt de capitaux. — I. G. N° 104.	1° Autorisation du préfet ; 2° Expédition T de l'acte constitutif de la créance.
160. Remboursement d'une partie du capital d'une rente ou redevance etc.	1° Décision du préfet autorisant le remboursement ; 2° Déclaration du débiteur T indiquant la date du remboursement à effectuer et la caisse où ce remboursement doit être fait ; 3° Certificat du comptable au bas de la déclaration ci-dessus attestant que le remboursement a été opéré le 4° Visa du maire ou de l'administrateur sur la même pièce.

DÉSIGNATION DES RECETTES.	JUSTIFICATIONS.
161. REMBOURSEMENT de dépense des enfants assistés.— I. G. N° 97, art. 1074 à 1076.	1° Etat certifié par le préfet des mandats délivrés par ce magistrat au profit de l'établissement avec les numéros et les dates de ces mandats. 2° Etats de rapprochement, par exercice, entre la recette et la dépense des enfants assistés relatant la part de la dépense qui pourrait incomber à l'hospice.
162. REMBOURSEMENT de droit d'enregistrement.	Décision de l'administration de l'enregistrement ordonnant le remboursement.
163. REMBOURSEMENT de frais d'expertise par des contribuables dont les réclamations ont été repoussées.	Mandat du préfet délivré en faveur des experts, lequel mandat est porté en dépense et sert de titre pour justifier la recette.
164. REMBOURSEMENT de fonds de cotisation.	Etat certifié par le préfet des mandats délivrés par ce magistrat au profit de la commune avec les numéros et les dates de ces mandats.
165. RENTE foncière due par des particuliers.— I. G. N° 6 et 85, art. 860 et 1058.	*Avec le premier compte.* Copie du titre de rente. *Avec les comptes autres que le premier et le compte final.* Extrait du titre de rente indiquant au moins le montant de la rente et la date de l'échéance. *Avec le compte final.* Le titre constitutif de la rente T.

DÉSIGNATION DES RECETTES.	JUSTIFICATIONS.
166. Rente sur communes.—I. G. N°ˢ 6 et 85, art. 860 et 1058.	Mêmes justifications qu'à l'article précédent.
167. Rente sur hospices — I. G. N°ˢ 6 et 85, art. 860 et 1058.	Idem.
168. Rente en denrées sur particuliers. — I. G. N°ˢ 6 et 106, art. 860, 1078, 1079, 1460 et 1576.	Idem. De plus pour chaque compte, relevé détaillé établissant l'évaluation en argent, et appuyé, s'il y a lieu, des mercuriales.
169. Rente en grains, denrées et autres produits.— I. G. N°ˢ 6 et 106, art. 860, 1078, 1079, 1460 et 1576.	Mêmes pièces que celles énoncées à l'article précédent.
170. Rentes sur l'État.— I. G. N°ˢ 7, 8 et 84, art. 861 et 1058.	Certificat du maire indiquant la date et le montant des inscriptions nouvelles ; et, s'il n'y en a pas eu, un certificat constatant qu'aucune inscription nouvelle n'a été faite depuis la reddition du dernier compte.
171. Retenues sur traitement des employés pour versement à la caisse de la retraite pour la vieillesse.— (Hors budget).	Etat dressé par le comptable et certifié par le maire des retenues opérées.

DÉSIGNATION DES RECETTES.	JUSTIFICATIONS.
172. RETENUES sur le traitement des employés pour versements à la caisse d'épargne d'une ville. — (Hors budget). — I. G. N° 38, art. 1007, 1096, 1097, 1100, 1462 et 1485.	*Avec le premier compte.* 1° Ampliation ou extrait de la décision qui détermine les retenues ; 2° État nominatif annuel arrêté par le maire des employés qui ont subi la retenue et indiquant avec le chiffre des traitements le montant de ces retenues. *Avec les autres comptes.* L'état nominatif précité seulement.
173. RETENUES pour fonds de retraite sur le traitement des employés de la mairie. — (Hors budget).	Idem.
174. RETENUES pour fonds de retraite sur le traitement des employés de l'octroi. — (Hors budget). — I. G. N° 38, art 1007, 1096, 1097, 1100, 1462 et 1485.	*Avec le premier compte.* 1° Extrait de la décision qui détermine la retenue ; 2° Bordereau récapitulatif de la régie vérifié par le directeur des contributions indirectes visé par le maire ; 3° Tableau d'appointement de la régie. *Avec les autres comptes, les pièces indiquées aux N°s 2 et 3 ci dessus.*

DÉSIGNATION DES RECETTES.	JUSTIFICATIONS.
175. RETENUES pour le service des pensions civiles et en vertu d'oppositions. — (Hors budget). — I. G. Nᵒˢ 43 et 110, art. 346, 360, 363, 364, 367, 369, 371, 1007, 1106 et 1473.	Etat dressé par le comptable et visé par le maire indiquant les retenues opérées.
176. RÔLE de taxe sur les chiens. — I. G. Nᵒ 26, art. 893 à 897.	*Avec le premier compte.* 1ᵒ Copie certifiée par le maire de l'exécutoire du rôle Modèle Nᵒ 5. 2ᵒ Ordonnances de dégrèvement qui justifient la réduction de ce rôle. *Avec le compte final.* 1ᵒ Le rôle revêtu de la formalité de la publication ; 2ᵒ Ordonnances de dégrèvement qui justifient la réduction du rôle ; 3ᵒ Un certificat du comptable faisant connaître le montant des ordonnances de dégrèvement déjà fournies.
177. RÔLE de prestations pour les chemins vicinaux. — I. G. Nᵒ 24, art. 835 à 888.	Idem sauf à prendre l'exécutoire Modèle Nᵒ 6.

DÉSIGNATION DES RECETTES.	JUSTIFICATIONS.
178. Rôle de rétribution scolaire de l'école de garçons. — I. G. N° 36, art 978, 979, 1038 à 1040, 1042, et 1043. (1)	*Avec le premier compte.* 1° Certificat du maire Modèle N° 7. 2° Les ordonnances de dégrèvement sur le rôle, s'il y a lieu. *Avec le compte final.* 1° Le rôle, rendu exécutoire par le sous-préfet et revêtu de la formalité de publication ; 2° Les ordonnances de dégrèvement qui justifient la réduction du rôle ; 3° Un certificat du comptable faisant connaître le montant des ordonnances de dégrèvement déjà fournies.
179. Rôle de rétribution scolaire de l'école de filles. — I. G. N° 36, art. 979. L. 14 juin 1859.	Idem.
180. Rôle de répartition des contributions des propriétés dont les habitants jouissent par parts inégales. — L. du 26 germinal an XI, art. 3 et 4.	*Avec les comptes autres que le compte final.* 1° Certificat du maire Modèle N° 7 ; 2° Les ordonnances de dégrèvement s'il y a lieu. *Avec le compte final.* 1° Le rôle rendu exécutoire par

(1) Dans les communes où il y a des frères le rôle est dressé par le maire. Les statuts de ces communautés interdisent aux frères de dresser des rôles. L. 18 juillet 1837, art. 63 Inst. ministérielle du 27 mai 1861.

DÉSIGNATION DES RECETTES.	JUSTIFICATIONS.
180. Rôle de répartition, etc. (*suite*).	le préfet, revêtu de la formalité de publication ; 2° Les ordonnances de dégrèvement qui justifient la réduction du rôle ; 3° Un certificat du comptable faisant connaître le montant des ordonnances de dégrèvement déjà fournies.
181. Rôle de réparations d'armes de la garde nationale. — L. 22 mars 1831, art. 69. L. 13 juin 1851, art. 58. D. 11 janvier 1852, art. 12.	Idem.
182. Rôle sur les riverains pour frais de délimitation de fôrets soumises au régime forestier.	Idem.
183. Rôle de pavage. L. 11 frimaire an VII. Avis du conseil d'État du 25 mars 1807. L. de finances du 25 juin 1841.	Idem.
184. Rôle de trottoirs. L. 7 juin 1845.	Idem.
185. Rôle de paturage.	Idem.

DÉSIGNATION DES RECETTES.	JUSTIFICATIONS.
186. Rôle de communaux cultivés.	*Avec les comptes autres que le compte final.* 1° Certificat du maire Modèle N° 7 ; 2° Les ordonnances de dégrèvement s'il y a lieu. *Avec le compte final.* 1° Le rôle rendu exécutoire par le préfet, revêtu de la formalité de publication ; 2° Les ordonnances de dégrèvement qui justifient la réduction du rôle ; 3° Un certificat du comptable faisant connaître le montant des ordonnances de dégrèvement déjà fournies.
187. Rôle d'arbres.	Idem.
188. Rôle de communaux albergés.	Idem.
189. Rôle d'affouage.	Idem.
190. Rôle de souscriptions volontaires. — L. 18 juillet 1837, art. 63.	Idem.
191. Rôle de taxe pour les travaux d'art, de salubrité etc. — I. G. N° 14.	Idem.

DÉSIGNATION DES RECETTES.	JUSTIFICATIONS.
192. SECOURS sur amendes de police correctionnelle. — D. 17 mai 1809. D. 25 juin 1852. C. 30 décembre 1823. C. 17 décembre 1852.	1° Ordre d'encaissement ; 2° Etat certifié par le comptable visé par le receveur des finances des mandats sur le receveur général délivrés au receveur municipal.
193. SECOURS du gouvernement pour une école temporaire.	1° Ordre d'encaissement ; 2° Etat certifié par le comptable visé par le receveur des finances des mandats sur le payeur délivrés au receveur municipal.
194. SEMESTRE de rentes sur l'État encaissés par la caisse des dépôts et consignations et ajoutés au fonds de retraite des employés de la mairie ou des employés de l'octroi. — (Hors budget).	1° Lettres d'avis adressées au maire par la caisse des dépôts ; 2° Bordereau récapitulatif desdites lettres dressé par le comptable et visé par le maire.
195. SEMESTRES de rentes. — I. G. N° 38, art. 1099 et 1485.	Etat, certifié par le maire, indiquant les numéros et le montant des inscriptions.
196. SOULTE d'achat de rente sur l'État.	1° Bordereau T de l'agent de change ; 2° Décompte détaillé certifié par le receveur des finances et visé par le maire.
197. SOULTE d'échange.	1° Expédition de l'arrêté du préfet autorisant l'échange ;

DÉSIGNATION DES RECETTES.	JUSTIFICATIONS.
197. SOULTE d'échange (*suite*).	2° Expédition de l'acte d'échange sur papier libre la première fois; lors de l'apurement timbrée.
198. Sous-abonnement de journal.	Déclaration du sous-abonné indiquant le chiffre du sous-abonnement.
199. SOUSCRIPTIONS volontaires pour chemins vicinaux.— I. G. N° 25, art. 887 et 888.	*Avec les comptes autres que le dernier.* 1° Certificat du maire, Modèle N° 7, indiquant le montant de la souscription et la date de l'exécutoire par le préfet; 2° Les ordonnances de décharge. *Avec le compte final.* 1° L'état T de souscriptions rendu exécutoire par le préfet; 2° Les ordonnances de décharge.
200. SUBVENTIONS du département à l'hospice chargé du service des enfants assistés.	Bordereau récapitulatif dressé et certifié par le comptable des mandats sur le payeur qui ont été délivrés au receveur.
201. SUBVENTION de la commune à l'établissement charitable.	Certificat du maire constatant que la somme allouée est de pour 18
202. SUBVENTION du département pour le traitement des malades et incurables indigents.—L. 7 août 1851.	État certifié par le comptable et visé par le préfet, des mandats sur le payeur délivrés au receveur municipal.

DÉSIGNATION DES RECETTES.	JUSTIFICATIONS.
203. SUBVENTION du gouvernement pour construction de bains et lavoirs publics. — L. 3 février 1851.	Etat certifié par le comptable et visé par le préfet, des mandats sur le payeur délivrés au receveur munici-pal.
204. SUBVENTION pour l'instruction primaire.	Etat Modèle N.° 11.
205. SUBVENTION par suite de dégradations aux chemins vicinaux. I. G. N° 25, art. 889.	Ampliation T de l'arrêté du conseil de préfecture.
206. SUBVENTIONS vo-lontaire pour chemins vicinaux.	*Avec les comptes autres que le compte final.* Copie de l'engagement volontaire accepté par le préfet. *Avec le compte final.* L'engagement T accepté par le préfet.
207. TAXE sur les eaux minérales.—I.G., art. 881.(Hors budget).	Rôle de taxe rendu exécutoire par le préfet.
208. TAXE sur les pharmacies. — I. G., art. 881.	Rôle de taxe rendu exécutoire par le préfet.
209. VERSEMENT du receveur général pour remises retenues sur les receveurs munici-paux pour dépenses en commun centralisées. —C. 25 juillet 1841.	Décompte du receveur général.

IIe SECTION. — **DÉPENSE**.

DÉSIGNATION DES DÈPENSES.	JUSTIFICATIONS A PRODUIRE A L'APPUI DES MANDATS.
210. ABONNEMENT au *Moniteur des Communes.* — I. G. N° 71, art. 613. D. 12 février 1852.	Récépissé comptable du receveur des finances, visé par le préfet ou par le sous-préfet et par le maire.
211. ABONNEMENT au *Bulletin des Lois.*— I. G. N° 71, art. 613. (1)	Récépissé comptable du receveur des finances, visé par le préfet ou par le sous-préfet et par le maire.
212. ABONNEMENT au *Bulletin annoté des Lois.* — I. G. N° 7, art. 613,	Récépissé comptable du receveur des finances, visé par le préfet ou par le sous préfet et par le maire.
213. ABONNEMENT au *Moniteur universel.*— D. 25 juin 1852.	Néant.

NOTA. — Le décret du 25 juin 1852 prescrit l'envoi aux maires de toutes les communes, chefs-lieux de canton, du *Moniteur universel* et ordonne que le prix de l'abonnement sera imputé sur le produit des amendes de police correctionnelle. Dans ce but, la moitié du fonds commun, mis à la disposition du Préfet par l'art. 6 de l'ordonnance du 30 décembre 1823 est versée dans la caisse du receveur général pour être centralisée au trésor. Par suite la dépense du *Moniteur universel* pour les communes chefs-lieux de canton ne doit jamais figurer dans les comptes de ces communes. Circulaire du 17 février 1852.

(1) Les lois, aux termes de l'art. 1er du Code Napoléon sont exécutoires en vertu de la promulgation qui en est faite par l'Empereur. Une ordonnance du 27 novembre 1816 a décidé que la promulgation résultait de l'envoi du bulletin des lois à la chancellerie.

La loi est réputée connue, dans le département où la promulgation a eu lieu, 24 heures après que le ministre de la justice a reçu le bulletin des lois de l'imprimerie impériale. (Cette date se trouve indiquée à la fin de chaque numéro du bulletin des lois). Les lois sont exécutoires dans chacun des autres départements après l'expiration du même délai augmenté d'autant de jours qu'il y a de fois dix myriamètres entre la ville où la promulgation a été faite et le chef-lieu du département.

DÉSIGATION DES DÉPENSES.	JUSTIFICATIONS A PRODUIRE A L'APPUI DES MANDATS.
214. ABONNEMENT à prix fait pour fournitures diverses.	Certificat délivré à la fin de l'année par le maire, constatant que le service de fournitures convenu par abonnement au prix de a été régulièrement fait pendant toute l'année par la partie prenante.
215. ABONNEMENT à un journal.	Aucune justification autre que l'acquit sur le mandat du fournisseur.
216. ABONNEMENT au repertoire administratif.	Idem.
217. ABONNEMENT au *Journal des Commissaires de Police.*	Idem.
218. ABONNEMENT au *Journal des Communes.*	Idem.
219. ABONNEMENT au *Courrier de la Drôme et de l'Ardèche.*	Idem.
220. ABONNEMENT à *l'Ecole des communes.*	Idem.
221. ABONNEMENT au journal *la Semaine.*	Idem.
222. ABONNEMENT à une feuille publique quelconque.	Idem.

DÉSIGNATION DES DÉPENSES.	JUSTIFICATIONS A PRODUIRE A L'APPUI DES MANDATS.
223. ACHAT d'objets mobiliers, denrées ou marchandises par adjudication, convention, marché de gré à gré ou soumission; *dépenses excédant* 300 fr. — I, G. N° 54, art. 1021, 1022 et 1024, D. 10 brumaire an XIV, C. 9 juin 1838.	*Avec le premier compte.* 1° Copie T du procès-verbal d'adjudication, de la convention, du marché de gré à gré ou soumission; 2° S'il s'agit de mobilier, certificat d'inscriptions sur l'inventaire des objets mobiliers ; 3° Copie non timbrée du cahier des charges. *Avec les comptes autres que le premier et le dernier.* 1° Copie non timbrée du cahier des charges ; 2° Certificat du comptable mentionnant les sommes déjà payées et indiquant celles à payer. *Avec le compte final.* 1° Copie T du procès-verbal d'adjudication, de la convention, du marché de gré à gré ou de la soumission ; 2° Certificat du comptable rappelant les sommes payées et le solde.
224. ACHAT d'objets mobiliers. — I. G. N° 54, art. 1021, 1022 et 1024; *dépenses n'excédant* pas 300 fr. C. M. Inst. 7 mars 1854, C. p. 15 mars 1854, R. ad. P. de 1854 N° 8, page 52.	1° Facture ou mémoire du fournisseur T ; 2° Certificat d'inscription sur l'inventaire du mobilier de la commune ou établissement.
225. ACHAT de matières ou marchandises.	Facture ou mémoire du fournisseur T.

DÉSIGNATION DES DÉPENSES.	JUSTIFICATIONS A PRODUIRE A L'APPUI DES MANDATS.
226. Achat d livres. I. G. N° 54, art. 1021, 1022 et 1024. C. M. Inst, 7 mars 1854, C.P. 15 mars 1854. R. ad. P. 1854, N° 8 page 52.	1° Facture ou mémoire du fournisseur T; 2° Certificat d'inscription des livres sur le catalogue de la bibliothèque;
227. Achat de rentes sur l'État par la commune.—J. G., art. 861. (1)	1° Délibération du conseil municipal; 2° Décision du préfet portant approbation de la délibération; 3° Récépissé du receveur des finances mentionnant le crédit sur lequel la dépense est imputée;
228. Achat de rentes sur l'État par un établissement charitable. I. G., art 861. (2)	1° Délibération de la commission administrative; 2° Décision du préfet portant approbation de la délibération; 3° Récépissé du receveur des finances mentionnant le crédit sur lequel est prélevée la dépense.
229. Achat d'une pompe à incendie et de ses agrès. — I. G. N° 54, art. 1022.	1° Expédition T du marché passé de gré à gré avec le fournisseur approuvé par le préfet; 2° Facture ou mémoire du fournisseur T;

(1) Les placements en rente sur l'Etat des capitaux libres appartenant aux communes sont autorisés de droit. (Ord. 2 avril 1817. Inst. du 21 juin 1819. C. M. 8 juillet 1836). Il suffit d'une délibération du conseil municipal approuvée par le préfet.

(2) Les placements de fonds libres appartenant aux bureaux de bienfaisance ou aux hospices n'ont pas besoin d'être autorisés. Ils le sont de droit par la règle établie de tous temps. Une délibération de la commission administrative, approuvée par le préfet, suffit pour opérer le versement à la caisse du receveur général, et obtenir l'achat de la rente. (Avis du conseil d'Etat, 22 novembre 1808. Durieu, page 699. Un capital ne peut être placé en rente sur l'Etat qu'autant qu'il suffit pour acheter 10 fr. de rente. (L, 17 août 1822, art. 24).

DÉSIGNATION DES DÉPENSES,	JUSTIFICATIONS A PRODUIRE A L'APPUI DES MANDATS.
229. ACHAT d'une pompe, etc. (*suite*).	3° Procès-verbal T d'épreuve et de réception.
230. ACHAT de cloche ou autres objets d'art ou de précisions.	Même justification qu'à l'article précédent.
231. ACQUISITION d'immeubles pour les chemins vicinaux. — *Prix n'excédant pas* 100 *fr.* — I. G. N° 55 et 56, art. 1018. L. 21 mai 1836, art. 15. 1er *cas.*	*Convention amiable.* 1° Ampliation de l'arrêté du préfet autorisant l'acquisition ; 2° Copie certifiée du contrat, timbrée lorsqu'elle est produite avec le compte final, non timbrée lorsqu'il s'agit d'une justification provisoire ; 3° Délibération du conseil municipal autorisant la dispense de transcription et de purge des hypothèques (1) ; 4° Copie ou extrait T de l'état présentant, avec la situation et la contenance de l'immeuble, les nom et prénoms du vendeur et sur lequel le conservateur aura porté la mention qu'il existe ou non des inscriptions (2) ;

(1) La dispense de purge n'est pas obligatoire pour les communes lorsque les prix d'acquisition sont de 100 fr. et au-dessous. Ce n'est qu'une simple faculté accordée par l'ordonnance du 18 avril 1842. Elles peuvent toujours prendre la précaution de faire purger lorsqu'elles le croient utile, quel que soit le prix de l'immeuble. La purge a lieu d'après les règles du droit commun, c'est-à-dire dans le délai de deux mois, fixé par l'art. 2195, du Code Napoléon, et moyennant l'accomplissement des formalités prescrites par l'art. 2181 et 2194 du même code et l'article 834 du code de procédure civile. Les établissements charitables ne jouissent pas de la dispense de purge des hypothèques accordée aux communes. Ordonnance du 18 avril 1842.

(2) Il est dû au conservateur le salaire d'un franc pour chaque article. C. M. Int. 28 octob. 1830 et 30 avril 1842. Ord. du 18 avril 1842.

DÉSIGNATION DES DÉPENSES.	JUSTIFICATIONS A PRODUIRE A L'APPUI DES MANDATS.
231. Acquisition d'im-meuble (*suite*)	5° Décompte dressé par le maire et certifié par le receveur en principal et intérêts du prix d'acquisition Modèle N.° 346 ;
	Convention amiable.
	1° Expédition de l'arrêté du préfet autorisant l'acquisition ;
232. Acquisition d'im-meubles pour les chemins vicinaux. — *Prix excédant* 100 fr. I. G. N°s 55 et 56, art 1018. L. 21 mai 1836, art. 15. 2° *cas,*	2° Copie certifiée du contrat, timbrée lorsqu'elle est produite avec le compte final, non timbrée lorsqu'il s'agit d'une justification provisoire, ladite copie portant mention de la transcription ;
	3° Certificat du conservateur délivré après la transcription et constatant la non existence d'inscription ou la radiation de celles qui existaient ;
	4° Certificat du greffier du tribunal civil constatant le dépôt et l'affiche de ce contrat au greffe pendant deux mois T ;
	5° Copie des significations de ce dépôt au procureur impérial et aux parties indiquées dans l'article 2194, C. N. T.
	6° Journal contenant l'avis de ce dépôt et des significations faites T (1) ;
	7° Certificat du conservateur des hypothèques constatant que dans le

(1) Il faut que ce journal ait été désigné par le préfet pour recevoir les annonces. Cette désignation est l'objet chaque année d'un arrêté qui est rappelé en tête du journal en faveur duquel l'arrêté a été rendu.

DÉSIGNATION DES RECETTES.	JUSTIFICATIONS.
232. Acquisition d'immeubles, etc. (*suite*).	délai de deux mois, il n'a été pris aucune inscription sur les immeubles vendus T ; 8° Décompte dressé par le maire et certifié par le receveur municipal en principal et intérêts du prix d'acquisition Modèle N° 346. *Indemnité réglée par le juge de paix.* 1° Expédition de l'arrêté du préfet autorisant l'acquisition ; 2° Jugement du juge de paix, timbré lorsqu'il est produit avec le compte final, non timbré lorsqu'il s'agit d'une justification provisoire ;
233. Acquisition d'immeubles pour les chemins vicinaux. — *Prix n'excédant pas* 100 *fr.* — 1. G. N° 57, art. 892, 1018 et 1019 — L. 21 mai 1836, art. 15. — 3e *cas.*	3° Délibération du conseil municipal autorisant la dépense de transcription du jugement et la purge des hypothèques, laquelle délibération approuvée par le préfet T. 4° Copie ou extrait de l'état présentant avec la situation et la contenance de l'immeuble les nom et prénoms de l'indemnitaire et sur lequel le conservateur aura porté la mention qu'il existe ou non des inscriptions ; . 5° Décompte dressé par le maire et certifié par le receveur en principal et intérêts du montant de l'indemnité Modèle N.° 346.

DÉSIGNATION DES DÉPENSES.	JUSTIFICATIONS A PRODUIRE A L'APPUI DES MANDATS.
234. Acquisition d'immeubles pour les chemins vicinaux. — *Prix excédant* 100 *fr.* — I. G. N°° 55 et 57, art. 892 et 1018. — L. 21 mai 1836, art. 15. 4° *cas.*	*Indemnite réglée par le juge de paix.* 1° Expédition de l'arrêté du préfet autorisant l'acquisition ; 2° Jugement du juge de paix, timbré lorsqu'il est produit avec le compte final ; non timbré, lorsqu'il s'agit d'une justification provisoire, ledit jugement portant mention de la transcription ; 3° Certifiat T du conservateur délivré après la transcription et constatant la non-existence d'inscriptions ou la radiation de celles qui existaient; 4° Certificat T du greffier du tribunal civil constatant le dépôt et l'affiche du jugement au greffe pendant deux mois ; 5° Copie des significations de ce dépôt au procureur impérial et aux parties indiquées dans l'article 2194 du Code Napoléon ; 6° Journal contenant l'avis du dépôt et des significations faits ; 7° Certificat du conservateur des hypothèques constatant que, dans le délai de deux mois, il n'a été pris aucune inscription sur l'immeuble qui a donné lieu à jugement du juge de paix ; 8° Décompte dressé par le maire et vérifié par le receveur, en principal et intérêts du prix d'acquisition, Mod. N° 316.

5

DÉSIGNATION DES DÉPENSES.	JUSTIFICATIONS A PRODUIRE A L'APPUI DES MANDATS.
235. ACQUISITION d'immeubles par application de l'art. 16 de la loi du 21 mai 1836. — *Prix n'excédant pas* 500 *fr.* — I. G. N°s 55 et 57. — Or. du 18 avril 1842. — C. M. Int. 30 du dit mois. 5° *cas.*	*Réglement amiable.* 1° Ampliation de l'arrêté qui a prescrit l'ouverture ou le redressement du chemin vicinal, et a déclaré les travaux d'utilité publique; 2° Expédition de l'acte intervenu amiablement, timbrée lorsqu'elle est produite avec le compte final, non timbrée, lorsqu'il s'agit d'une justification provisoire; 3° Délibération du conseil municipal autorisant la dispense de transcription et de purge des hypothèques, laquelle délibération approuvée par le préfet; (1) 4° Copie ou extrait T de l'état présentant, avec la situation et la contenance de l'immeuble, les noms et prénoms des vendeurs, et sur lequel le conservateur aura porté la mention qu'il existe ou non des inscriptions; 5° Décompte dressé par le maire, vérifié par le receveur municipal en principal et intérêts du prix d'acquisition. Mod. N 316.

NOTA. Toutes les fois qu'il y a eu déclaration d'utilité publique, les pièces sujettes au timbre sont visées pour timbre gratis. L'enregistrement a lieu également gratis lorsque cetite formalité est exigée. — L. 3. mai 1841 art. 58.

(1) Les formalités préalables à l'expropriation ont pour but d'appeler les personnes intéressées à faire valoir leurs titres et leurs droits dans un délai déterminé.

En raison de cet appel, la loi du 3 mai 1841 a stipulé que les communes pourraient payer le prix d'acquisition jusqu'à concurrence de 500 fr. si le

DÉSIGNATION DES DÉPENSES.	JUSTIFICATIONS A PRODUIRE A L'APPUI DES MANDATS.
236. Acquisition d'immeubles pour les chemins vicinaux.— *Prix excédant* 500 *fr.*— I. G. Nᵒˢ 56 et 57, art. 1018.—L. 21 mai 1836. —L. 3 mai 1841. 6ᵉ *cas.*	*Réglement amiable.* 1° Ampliation de l'arrêté qui a prescrit l'ouverture ou le redressement des chemins vicinaux, et a déclaré les travaux d'utilité publique; 2° Certificat du maire constatant que les publications et affiches prescrites par l'art. 6 de la loi du 3 mai 1841 ont eu lieu; 3° Journal dans lequel le contrat a été inséré; 4° Certificat du maire délivré huit jours au moins après les publications ci-dessus mentionnées, et constatant qu'aucun tiers ne s'est fait connaître comme intéressé au réglement de l'indemnité; 5° Certificat du conservateur délivré quinze jours après la transcription constatant la non-existence d'inscriptions ou la radiation de celles qui existaient contre les propriétaires ou usufruitiers désignés au contrat d'acquisition; 6° Expédition de l'acte intervenu amiablement, timbrée, lorsqu'elle est produite avec le compte final; non

conseil municipal croit devoir émettre un avis pour la dispense de la purge. Mais la délibération prise à ce sujet doit être revêtue de l'approbation du préfet.

La même dispense peut être accordée lorsque l'indemnité bien que s'élevant à 500 fr., résultera d'un alignement donné sur un plan approuvé par décret impérial ou par arrêté du préfet portant déclaration d'utilité publique. Les établissements de bienfaisance ne jouissent pas de la dispense de purge accordée aux communes. Ord. du 18 avril 1842.

DÉSIGNATION DES DÉPENSES.	JUSTIFICATIONS A PRODUIRE A L'APPUI DES MANDATS.
236. Acquisition d'immeubles (*suite*).	timbrée, lorsqu'il s'agit d'une justification provisoire, ladite copie portant mention de la transcription; 7° Décompte dressé par le maire, et vérifié par le comptable en principal et intérêts du prix d'acquisition. Mod. N° 316.
237. Acquisition d'immeubles pour les chemins vicinaux. — *Prix n'excédant pas* 500 *fr.* (1). — I. G. N°s 56 et 57, art. 1018. — L. 21 mai 1836, art. 16. — L. 3 mai 1841. 7e *cas.*	*Réglement amiable après jugement d'expropriation, non notifié ni transcrit.* 1° Expédition de l'arrêté du préfet qui a prescrit l'ouverture ou la rectification du chemin vicinal, et a déclaré les travaux d'utilité publique; 2° Copie du jugement d'expropriation, timbrée, lorsqu'elle est produite avec le compte final, non timbrée, lorsqu'il s'agit d'une justification provisoire; 3° Copie de l'acte T, portant vente; 4° Délibération du conseil municipal autorisant la dispense de transcription et de purge des hypothèques, laquelle délibération approuvée par le préfet; 5° Certificat du maire attestant que les publications et affiches exigées

(1) Si le prix excédait 500 fr., il faudrait faire remplir les formalités de purge d'après la loi du 3 mai 1841. Ces formalités sont la notification et la transcription du jugement, et l'insertion au journal, art. 16 et 17 de la loi du 3 mai 1841. Alors les pièces à produire seraient les mêmes que celles du numéro suivant.

DÉSIGNATION DES DÉPENSES.	JUSTIFICATIONS A PRODUIRE A L'APPUI DES MANDATS.
237.Acquisition d'im- meubles (*suite*).	par l'art. 6 de la loi du 3 mai 1841 ont été faites; 6° Journal contenant l'avis d'affiche et d'insertion prescrit par l'art. 6 précité; 7° Copie ou extrait T de l'état présentant, avec la situation et la contenance des immeubles, les noms et prénoms des vendeurs, et sur lequel le conservateur aura porté la mention qu'il existe ou non des inscriptions; 8° Décompte dressé par le maire et vérifié par le comptable en principal et intérêts du prix d'acquisition. Mod. N° 316.
238.Acquisition d'im- meubles pour les che- mins vicinaux.— *Prix excédant* 500 *fr.* — I. G. 1018, N°s 56 et 57.— L. du 21 mai 1836, art. 16. — L. 3 mai 1841. 8° *cas.*	*Réglement amiable après jugement d'expropriation notifié et transcrit.* 1° Expédition de l'arrêté du préfet qui a prescrit l'ouverture ou la rectification du chemin vicinal, et déclaré les travaux d'utilité publique; 2° Copie du jugement, timbrée, lorsqu'elle est produite avec le compte final; non timbrée, lorsqu'il s'agit d'une justification provisoire, ladite copie portant mention de la transcription et énonçant la date de la notification; 3° Certificat du conservateur délivré quinze jours après la transcrip-

DÉSIGNATION DES DÉPENSES.	JUSTIFICATIONS A PRODUIRE A L'APPUI DES MANDATS.
238. Acquisition d'immeubles (*suite*).	tion du jugement, et constatant la non-existence d'inscription ou la radiation de celles qui existaient contre les propriétaires ou usufruitiers désignés au contrat d'acquisition ; 4° Certificat T du maire attestant que les publications et affiches, exigées par l'art. 15 de la loi du 3 mai 1841, ont été faites ; 5° Journal dans lequel le jugement a été inséré ; 6° Certificat du maire délivré huit jours au moins après les publications ci-dessus mentionnées, et constatant qu'aucun tiers ne s'est fait connaître comme intéressé au réglement de l'indemnité ; 7° Expédition T du contrat d'acquisition ; 8° Décompte dressé par le Maire et vérifié par le comptable en principal et intérêts du prix d'acquisition, modèle N° 316.
239. Acquisition d'immeubles pour les chemins vicinaux. — I. G. N°ˢ 56 et 57. — L. 21 mai 1836, art. 16. — L. 3 mai 1841. 9ᵉ *cas*.	*Indemnité réglée par le Jury.* 1° Ampliation de l'arrêté du préfet qui a prescrit l'ouverture ou le redressement du chemin vicinal et déclaré les travaux d'utilité publique ; 2° Extrait T du jugement d'expropriation mentionnant textuellement la transcription et énonçant la date de notification ;

DÉSIGNATION DES DÉPENSES.	JUSTIFICATIONS A PRODUIRE A L'APPUI DES MANDATS.
239. Acquisition d'im- meubles, etc. (*suite*).	3° Extrait T de la décision du jury fixant le chiffre de l'indemnité ; 4° Journal dans lequel le juge-ment a été inséré ; 5° Certificat du maire constatant que les publications et affiches pres-crites par l'article 15 de la loi du 3 mai 1841 ont eu lieu ; 6° Certificat du conservateur des hypothèques constatant qu'après la transcription du jugement, il n'exis-tait aucune inscription sur les im-meubles expropriés et, dans le cas contraire, l'état des inscriptions qui ont été radiées, prises contre les propriétaires ou usufruitiers dési-gnés dans la décision du jury ; 7° Certificat du maire délivré huit jours au moins après les publica-tions ci-dessus mentionnées et cons-tatant qu'aucun tiers ne s'est fait connaître comme intéressé au ré-glement de l'indemnité. 8° Décompte dressé par le maire et vérifié par le comptable en prin-cipal et intérêts du prix d'acquisi-tion. — Modèle N° 316.

DÉSIGNATION DES DÉPENSES.	JUSTIFICATIONS A PRODUIRE A L'APPUI DES MANDATS.
240.Acquisition d'immeubles par application de la loi du 3 mai 1841, sur l'expropriation pour cause d'utilité publique. — *Prix n'excédant pas 500 fr.* — I. G. N° 56, art. 1018 et 1019. 10° *cas.*	*Réglement amiable après enquête parcellaire.* 1° Extrait du décret qui a déterminé les propriétés particulières auxquelles l'expropriation était applicable et déclaré les travaux d'utilité publique ; 2° Certificat du maire constatant que les publications et affiches prescrites par l'art. 6 de la loi du 3 mai 1841 ont eu lieu ; 3° Journal dans lequel l'avis prescrit par l'art. 6 ci-dessus a été inséré ; 4° Expédition de l'acte intervenu après enquête parcellaire, timbrée lorsqu'elle est produite avec le compte final ; non timbrée lorsqu'il s'agit d'une justification provisoire ; 5° Délibération du conseil municipal autorisant la dispense de transcription et de purge d'hypothèques, laquelle délibération approuvée par le préfet ; 6° Copie ou extrait T de l'état présentant avec la situation et la contenance des immeubles, les noms et prénoms des vendeurs et sur lequel le conservateur aura porté la mention qu'il existe ou non des inscriptions ; 7° Décompte dressé par le maire et vérifié par le comptable en principal et intérêts. Mod. N° 316.

DÉSIGNATION DES DÉPENSES.	JUSTIFICATIONS. A PRODUIRE A L'APPUI DES MANDATS.
241. Acquisition d'immeubles par application de la loi du 3 mai 1841, sur l'expropriation pour cause d'utilité publique. — *Prix excédant* 500 *fr.* — I. G. N° 56, art. 1018. 11e *cas.*	*Réglement amiable après enquête parcellaire.* 1° Extrait du décret qui a déterminé les propriétés particulières auxquelles l'expropriation était applicable et déclaré les travaux d'utilité publique; 2° Certificat du maire constatant que les publications et affiches prescrites par l'art. 6 de la loi du 3 mai 1841 ont eu lieu; 3° Journal dans lequel l'avis prescrit par l'art. 6 précité a été inséré; 4° Expédition de l'acte intervenu après enquête parcellaire, timbrée lorsqu'elle est produite avec le compte final; non timbrée lorsqu'il s'agit d'une justification provisoire, ledit acte portant mention de la transcription; 5° Certificat du maire délivré huit jours au moins après les publications ci-dessus mentionnées et constatant qu'aucun tiers ne s'est fait connaître comme intéressé au réglement de l'indemnité; 6° Certificat du conservateur délivré quinze jours après la transcription et constatant la non-existence d'inscription, ou la radiation de celles qui existaient contre les propriétaires ou usufruitiers désignés dans l'acte d'acquisition; 7° Décompte dressé par le maire

DÉSIGNATION DES DÉPENSES.	JUSTIFICATIONS A PRODUIRE A L'APPUI DES MANDATS.
241. Acquisition d'immeubles, etc. (*suite*).	et vérifié par le comptable en principal et intérêts du prix d'acquisition. Mod. N° 316.
242. Acquisition d'immeubles par application de la loi du 3 mai 1841, sur l'expropriation pour cause d'utilité publique. — I. G. N° 56, art. 1018. 12ᵉ *cas*.	*Indemnité réglée par le Jury.* 1° Copie ou extrait T du jugement d'expropriation mentionnant textuellement la transcription en énonçant la date de la notification. 2° Journal dans lequel le jugement a été inséré; 3° Certificat du maire constatant que les publications et affiches prescrites par l'article 15 de la loi du 3 mai 1841 ont eu lieu ; 4° Certificat T du conservateur des hypothèques constatant qu'après la transcription du jugement, il n'existait aucune inscription sur les immeubles expropriés, et, dans le cas contraire, l'état des inscriptions qui ont été radiées ou le certificat qui en tient lieu ; 5° Certificat du maire délivré huit jours au moins après la publication prescrite par l'art. 15 de la loi du 3 mai 1841 et constatant qu'aucun tiers ne s'est fait connaître comme intéressé au réglement de l'indemnité 6° Copie timbrée de la décision du jury portant fixation de l'indemnité d'expropriation ; 7° Décompte dressé par le maire et vérifié par le comptable en principal et intérêts du prix d'acquisition. Mod. N° 316.

DÉSIGNATION DES DÉPENSES.	JUSTIFICATIONS A PRODUIRE A L'APPUI DES MANDATS.
243. Acquisition d'immeubles par application de la loi du 3 mai 1841, snr l'expropriation pour cause d'utilité publique. — I. G. Nº 56, art. 1018. 12ᵉ cas.	*Indemnité réglée amiablement après signification d'offres (Art. 23 de la loi du 3 mai 1841.)* 1° Copie ou extrait T du jugement d'expropriation mentionnant textuellement la transcription en énonçant la date de la notification ; 2° Journal dans lequel le jugement a été inséré ; 3° Certificat du maire constatant que les publications et affiches pres crites par l'article 15 de la loi du 3 mai 1841 ont eu lieu ; 4° Certificat T du conservateur des hypothèques constatant qu'après la transcription du jugement, il n'existait aucune inscription sur les immeubles expropriés, et, dans le cas contraire, l'état des inscriptions qui ont été radiées ou le certificat qui en tient lieu ; 5° Certificat du maire délivré huit jours au moins après la publication prescrite par l'art. 15 de la loi du 3 mai 1841 et constatant qu'aucun tiers ne s'est fait connaître comme intéressé au réglement de l'indemnité ; 6° Expédition de l'acte intervenu après signification d'offres, timbrée lorsqu'elle est produite avec le compte final ; non timbrée lorsqu'il s'agit d'une justification provisoire ; 7° Décompte dressé par le maire et vérifié par le comptable en prin-

DÉSIGNATION DES DÉPENSES,	JUSTIFICATIONS A PRODUIRE A L'APPUI DES MANDATS.
243. ACQUISITION d'im-meubles, etc. (*suite*).	cipal et intérêts du prix d'acquisi-tion. Modèle N° 316.
244. ACQUISITION d'im-meubles par applica-tion de la loi du 3 mai 1841, sur l'expropria-tion pour cause d'uti-lité publique. — I. G. N° 56, art. 1018 et 1019. 14ᵉ *cas*.	*Indemnité réglée par le Jury. — Offres réelles. — Acceptation,* 1° Copie T, ou extrait du jugement d'expropriation, mentionnant tex-tuellement la transcription en énon-çant la date de la notification ; 2° Journal dans lequel le jugement a été inséré ; 3° Certificat du maire constatant que les publications et affiches pres-crites par l'art. 15 de la loi du 3 mai 1841 ont eu lieu ; 4° Certificat T du conservateur, constatant qu'après la transcription du jugement, il n'existait aucune inscription sur les immeubles ex-propriés, et, dans le cas contraire, l'état des inscriptions qui ont été ra-diées ou le certificat qui en tient lieu ; 5° Certificat du maire, délivré huit jours au moins après la publication prescrite par l'art. 15 de la loi du 3 mai 1841, et constatant qu'aucun tiers ne s'est fait connaître comme inté-ressé au réglement de l'indemnité ; 6° Copie T de la décision du jury ; (1) 7° Décompte dressé par le maire et vérifié par le comptable, en prin-cipal et intérêts du prix d'acquisi-tion. Mod. N° 316 ;

(1) Si l'indemnité a été réglée amiablement la decision du jury sera rem-placée par une copie T du contrat.

DÉSIGNATION DES DÉPENSES.	JUSTIFICATIONS A PRODUIRE A L'APPUI DES MANDATS.
244. Acquisition d'immeubles, etc., (*suite*).	8° Expédition T de l'arrêté du maire, approuvé par le préfet, ordonnant et motivant les offres réelles qui ont été faites ainsi que la consignation qui doit les suivre à défaut d'acceptation régulière ; 9° Procès-verbal T d'offres constatant l'acceptation et le paiement de la somme due indépendamment de l'acquit pour ordre au bas du mandat du maire.
245. Acquisition d'immeubles par application de la loi du 3 mai 1841, sur l'expropriation pour cause d'utilité publique. — I. G. N° 56, art. 1018 et 1019. 15° *cas.*	*Indemnité réglée par le Jury. — Offres réelles, — Refus. — Consignation.* 1° Copie ou extrait T du jugement d'expropriation mentionnant textuellement la transcription en énonçant la date de la notification ; 2° Journal dans lequel le jugement a été inséré ; 3° Certificat du maire constatant que les publications et affiches prescrites par l'art. 15 de la loi du 3 mai 1841 ont eu lieu ; 4° Certificat T du conservateur constatant qu'après la transcription du jugement, il n'existait aucune inscription sur les immeubles expropriés, et, dans le cas contraire, l'état des inscriptions qui ont été radiées ou le certificat qui en tient lieu;

Nota. — La faculté donnée par l'art. 53 de la loi du 3 mai 1841 d'offrir un mandat au lieu de numéraire n'existe pas pour les communes.

DÉSIGNATION DES DÉPENSES.	JUSTIFICATIONS A PRODUIRE A L'APPUI DES MANDATS.
245. Acquisition d'immeubles, etc. *(suite)*.	5° Certificat du maire délivré huit jours au moins après la publication prescrite par l'art. 15 de la loi du 3 mai 1841 et constatant qu'aucun tiers ne s'est fait connaître comme intéressé au réglement de l'indemnité; 6° Copie T de la décision du jury(1); 7° Décompte dressé par le maire et vérifié par le comptable en principal et intérêts du prix d'acquisition, Modèle N° 316; 8° Expédition T de l'arrêté du maire, approuvé par le préfet, ordonnant et motivant les offres réelles qui ont été faites ainsi que la consignation qui doit les suivre à défaut d'acceptation régulière; 9° Procès-verbal T constatant le refus des offres réelles ou les motifs qui en ont empêché l'acceptation régulière ou l'original de la sommation faite par huissier, constatant le refus de l'indemnité; 10° Le récépissé du receveur des finances visé par le sous-préfet; 11° L'orignal du procès-verbal de consignation.

(1) Si l'indemnité a été réglée amiablement la décision du jury sera remplacée par une copie T, du contrat.

DÉSIGNATION DES DÉPENSES.	JUSTIFICATIONS A PRODUIRE A L'APPUI DES MANDATS.
246. Acquisition d'immeubles par application des règles du droit commun.—*Prix n'excédant pas 100 fr.* — I. G. N° 55, art. 1018. — L. 18 juillet 1837, art. 46. — D. 25 mars 1852 § 41 tableau A.— C. N. art. 2181 et 2195. C. Proc. art. 834. — C. M. Int. 28 octobre 1830 — 30 avril 1842. — Ord. 18 avril 1842. *15e cas.*	*Indemnité réglée amiablement sans qu'il ait été au préalable rendu un arrêté de déclaration d'utilité publique.* 1° Ampliation de l'arrêté du préfet autorisant l'acquisition ; 2° Copie certifiée du contrat, timbrée, lorsqu'elle est produite avec le compte final; non timbrée, lorsqu'il s'agit d'une justification provisoire ; 2° Délibération du conseil municipal, ladite délibération approuvée par le préfet, autorisant la dispense de transcription et de purge des hypothèques (1) ; 4 Copie ou extrait de l'état présentant avec la situation et la contenance de l'immeuble, les nom et prénoms du vendeur et sur lequel le conservateur aura porté la mention qu'il existe ou non des inscriptions ; 5° Décompte dressé par le maire et vérifié par le receveur en principal et intérêts du prix d'acquisition. Modèle N° 316.

(1) Voir les renvois mis au bas du numéro 231 du présent tableau expliquant les formalités de la dispense de purge.

DÉSIGNATION DES DÉPENSES.	JUSTIFICATIONS A PRODUIRE A L'APPUI DES MANDATS.
247. Acquisition d'immeubles par application des règles du droit commun.—*Prix n'excédant pas 100 fr.* — I. G. N° 55, art. 1818.— L. 18 juillet 1837, art. 46.—D. 25 mars 1852 § 41 tableau A.— C. N. art. 2181 et 2195.— C. Procéd. art. 834. 17° *cas.*	*Indemnité réglée amiablement sans qu'il ait été au préalable rendu un décret ou un arrêté de déclaration d'utilité publique.* 1° Ampliation de l'arrêté du préfet autorisant l'acquisition ; 2° Copie certifiée du contrat, timbrée lorsqu'elle est produite avec le compte final; non timbrée, lorsqu'il s'agit d'une justification provisoire, ladite copie portant mention de la transcription ; 3° Certificat du conservateur délivré après la transcription et constatant la non-existence d'inscriptions ou la radiation de celles qui existaient ; 4° Certificat T du greffier du tribunal civil constatant le dépôt et l'affiche de ce contrat au greffe pendant deux mois ; 5° Copie T des significations de ce dépôt au procureur impérial et aux parties indiquées dans l'art. 2194 C. N. 6° Journal ou feuilles d'annonces T contenant l'avis de ce dépôt et des significations faites ; 7° Certificat T du conservateur des hypothèques constatant que dans le délai de deux mois, il n'a été pris aucune inscription sur les immeubles vendus.

DÉSIGNATION DES DÉPENSES.	JUSTIFICATIONS A PRODUIRE A L'APPUI DES MANDATS.
247. Acquisition d'immeubles, etc. (*suite*).	8° Décompte dressé par le Maire et vérifié par le comptable en principal et intérêts du prix d'acquisition, Mod. N° 316.
248. Annuaire officiel du département. — I. G. N° 71, art. 613.	Récépissé comptable du receveur des finances, visé par le préfet ou le sous-préfet et par le maire.
249. Application au compte de la commune des recettes faites avant l'ouverture de l'exercice. — I. G. art. 1109 et 1492. — N°° 81 et 128. (Hors budget).	Etat certifié par le maire, des sommes précédemment recouvrées avec indication des articles du compte auquel ces sommes ont été appliquées.
250. Assurances des édifices communaux contre l'incendie. — C. 21 octobre 1826. — C. 9 avril 1829. — C. 10 août 1836. — C. 9 août 1842. — D. 25 mars 1852.— C. 5 mai 1852. — D. 13 avril 1861.	Le premier paiement, copie T certifiée par le maire, de la police d'assurance approuvée par le sous-préfet. Les autres paiements, relater simplement dans le corps du mandat le N° et la durée de la police, son expiration, l'annuité à laquelle s'applique le paiement et la date de l'approbation par le sous-préfet.

Nota concernant les cas N°° 232 à 241.— Si la propriété vendue appartient en totalité ou en partie à des mineurs, interdits, absents ou incapables, le contrat doit rappeler l'autorisation donnée par le tribunal d'accepter les offres de la commune. Il en est de même pour les immeubles dotaux. Dans tous les cas fournir la justification du remploi lorsqu'il est ordonné.

Toutes les formalités hypothécaires doivent être accomplies dans l'ordre indiqué par l'art. 1018 de l'instruction générale du 20 juin 1859.

S'il existe des inscriptions hypothécaires ou oppositions qui empêchent que le payement puisse être fait au vendeur le prix de vente est versé à la caisse des dépôts et consignations conformément aux indications mentionnées au N° 245 de la présente nomenclature.

DÉSIGNATION DES DÉPENSES.	JUSTIFICATIONS A PRODUIRE A L'APPUI DES MANDATS.
251. ATELIER de travail sur les chemins vicinaux.	Etat, Mod. N° 8.
252. ATELIER de travail ailleurs que sur les chemins vicinaux.	Etat, Mod. N° 9.
253. AVANCES de frais de poursuites faites par l'intermédiaire du porteur de contrainte.	1° Etat dressé et certifié par le percepteur et visé par le maire mentionnant: le numéro et l'exercice des états de frais, l'objet des poursuites, les noms des débiteurs poursuivis et la somme due par chacun d'eux. 2° Quittances individuelles à souche du percepteur contenant l'émargement régulier des états de frais primitifs.
254. AVANCES de frais d'inscriptions hypothécaires.	Etat T dressé et certifié par le comptable et visé par le maire indiquant la date des inscriptions prises, la nature des actes qui les motive, les sommes avancées pour chaque inscription, les noms des débiteurs, ainsi que le montant de la dette.
255. AVANCES de frais de poursuites par huissier.	Etat T dressé et certifié par l'huissier et liquidé par le maire, lequel état doit indiquer la nature de la dette, le nom du débiteur, la date et le coût de l'acte de poursuite.

NOTA. — D'après l'art. 2155 C. N, les frais avancés doivent être remboursés par les débiteurs. En conséquence le comptable n'en fait dépense que sous la condition du recouvrement de la somme avancée dont il doit prendre charge au compte du même exercice.

DÉSIGNATION DES DÉPENSES.	JUSTIFICATIONS. A PRODUIRE A L'APPUI DES MANDATS.
256. AVANCES de fonds pour exécuter des travaux ordonnés d'office.	1° Expédition de l'arrêté du préfet ordonnant l'exécution d'office des travaux ; 2° Etat T des travaux exécutés, dressé par l'agent préposé à leur surveillance et visé par le maire.
257. BALAYAGE des rues par soumission ou traité de gré à gré. — *Dépense excédant* 300 *francs.*	*Avec le premier compte.* 1° Expédition non timbrée du cahier des charges ; 2° Expédition T de la soumission ou traité de gré à gré approuvé par le préfet ou sous-préfet ; 3° Certificat délivré par le comptable constatant qu'il a été versé un cautionnement en numéraire ou fourni un cautionnement en immeubles ou bien que, d'après un arrêté du maire approuvé par le préfet, l'entrepreneur a été dispensé de fournir un cautionnement. *Avec les comptes autres que le premier et le compte final.* Certificat du comptable indiquant à quel compte et à quel article du compte ont été joints l'expédition non timbrée du cahier des charges, l'expédition de la soumission, et enfin le certificat de réalisation ou de dispense de cautionnement. *Avec le compte final.* 1° Expédition timbrée du cahier des charges ;

DÉSIGNATION DES DÉPENSES.	JUSTIFICATIONS A PRODUIRE A L'APPUI DES MANDATS.
257. BALAYAGE des rues, etc. (*suite*).	2° Expédition T du devis estimatif ; 3° Expédition T de la soumission ou traité de gré à gré approuvé par le préfet ; 4° Certificat délivré par le comptable constatant qu'il a été versé un cautionnement en numéraire ou fourni un cautionnement en immeubles ou bien que, d'après un arrêté du maire approuvé par le préfet, l'entrepreneur a été dispensé de fournir un cautionnement.
258. BALAYAGE des rues en régie. — *Dépense excédant* 300 *francs*.	1° Expédition T du devis estimatif, approuvé par le préfet avec autorisation d'exécuter les travaux en régie. 2° Etat T certifié par le fournisseur ou l'ouvrier employé, visé par le maire.
259. BALAYAGES des rues par suite d'adjudication.	*Avec le premier compte.* 1° Expédition non timbrée du cahier des charges approuvé par le préfet ; 2° Expédition T du procès-verbal d'adjudication approuvé par le préfet ; 3° Copie non timbrée du récépissé de cautionnement ou copie du bordereau constatant l'inscription hypothécaire prise en vertu du cautionnement fourni en immeuble ou bien encore copie de l'arrêté du maire

DÉSIGNATION DES DÉPENSES.	JUSTIFICATIONS A PRODUIRE A L'APPUI DES MANDATS.
259. BALAYAGE des rues, etc. (*suite*).	approuvé par le préfet dispensant l'entrepreneur de tout cautionnement. *Avec les comptes autres que le premier et le dernier.* Certificat du comptable indiquant à quel compte et à quel article du compte ont été jointes les trois pièces mentionnées aux N°ˢ 1, 2 et 3. *Avec le compte final.* 1° Expédition timbrée du cahier des charges approuvé par le préfet; 2° Expédition T du procès-verbal d'adjudication approuvé par le préfet; 3° Copie T du récépissé de cautionnement ou copie du bordereau constatant l'inscription hypothécaire prise en vertu du cautionnement fourni en immeuble ou bien encore copie de l'arrêté du maire approuvé par le préfet dispensant l'entrepreneur de tout cautionnement.
260. BALAYAGE des rues.— *Dépense n'excédant pas 300 francs.*	Etat ou mémoire T du balayeur certifié par lui et visé par le maire.
261. BULLETIN officiel du ministère de l'intérieur. — C. 27 juillet 1839.	Récépissé comptable du receveur des finances visé par le sous-préfet et par le maire.
262. CHAUFFAGE des écoles communales de filles.	Etat ou mémoire T certifié par le fournisseur et visé par le maire.

DÉSIGNATION DES DÉPENSES.	JUSTIFICATIONS A PRODUIRE À L'APPUI DES MANDATS.
263. CHAUFFAGE des écoles communales de garçons.	Etat ou mémoire T certifié par le fournisseur et visé par le maire.
264. CHAUFFAGE de la maison commune.	Idem.
265. CONFECTION de l'état matrice et du rôle de prestation. — Régl. 25 août 1854, art. 81.	Récépissé comptable du receveur des finances visé par le sous-préfet et par le maire.
266. CONFECTION des matrices des rôles des contributions directes.	Idem.
267. CONSIGNATION de prix d'immeubles.	1° L'arrêté du maire approuvé par le préfet ordonnant et motivant la consignation ; 2° Récépissé comptable du receveur des finances visé par le sous-préfet ; 3° Toutes les pièces justificatives de la créance que le receveur de la commune ou de l'établissement exigerait du créancier s'il touchait lui-même, moins celles dont l'absence motive la consignation. Voir le N° 245 15° cas. — Loi du 3 mai 1841, art. 54, 59, 67, 68 et 69. C. N. art. 1257 à 1259 et art. 2181 à 2186. Ord. du 3 juillet 1856, art. 2. I. G., art. 1019.

DÉSIGNATION DES DÉPENSES.	JUSTIFICATIONS A PRODUIRE A L'APPUI DES MANDATS.
267. CONSIGNATION (suite).	Ces pièces sont principalement le bordereau détaillé des inscriptions, certifié par le conservateur des hypothèques ; l'original de la sommation constatant le refus de l'indemnité ; l'original du procès-verbal d'offres ; les oppositions et toutes autres pièces motivant la consignation.
268. CONSTRUCTIONS et grosses réparations par adjudication. — I. G. N°s 59 et 119, art. 1020 à 1022 et 1543.	*Avec le premier compte.* 1° Expédition T du procès-verbal d'adjudication approuvée par le préfet ; 2° Copie non timbrée du cahier des charges relatant la décision approbative des travaux ; 3° Copie non timbrée du détail estimatif ou série de prix ; 4° Copie non timbrée du bordereau d'inscription hypothécaire prise pour la garantie de l'entreprise ou copie non timbrée de la quittance constatant le versement du cautionnement en numéraire ou bien un arrêté motivé du maire approuvé par le préfet dispensant l'entrepreneur de fournir un cautionnement ; 5° Certificat de paiement des travaux T délivré par l'architecte ou par l'agent-voyer s'il s'agit de travaux rentrant dans les attributions du service vicinal, ledit certificat visé

DÉSIGNATION DES DÉPENSES.	JUSTIFICATIONS A PRODUIRE A L'APPUI DES MANDATS.
268. Constructions et grosses etc. (*suite*).	par le maire résumera la situation des travaux et indiquera le montant de la somme à payer ; 6° Etat, Modèle N° 317. *Avec les comptes autres que le premier et le compte final.* 1° Certificat T de paiement des travaux délivré par l'architecte ou par l'agent-voyer s'il s'agit de travaux rentrant dans les attributions du service vicinal ; ledit certificat, visé par le maire, résumera la situation des dépenses faites et indiquera le montant de la somme à payer ; 2° Etat, Modèle N° 317. *Avec le compte final.* 1° Expédition T du procès-verbal d'adjudication ; 2° Expédition T du cahier des charges de l'entreprise relatant la décision approbative des travaux ; 3° Expédition T du détail estimatif ou bordereau des prix ; 4° Copie T du bordereau d'inscription hypothécaire prise pour la garantie de l'entreprise ou copie T de la quittance constatant la réalisation en numéraire du cautionnement ou bien un arrêté T du maire approuvé par le préfet dispensant l'entrepreneur de fournir un cautionnement; 5° Procès-verbal T de réception

DÉSIGNATION DES DÉPENSES.	JUSTIFICATIONS A PRODUIRE A L'APPUI DES MANDATS.
268. Constructions et grosses etc. (*suite*).	définitive des travaux délivré par l'architecte ou par l'agent-voyer s'il s'agit de travaux rentrant dans les attributions du service vicinal, ledit certificat, visé par le maire, résumera les dépenses faites et indiquera le solde à payer ; 7° Etat, Modèle N° 317 (1).
269. Constructions et grosses réparations en régie. — I. G. N° 60, art. 993, 1014, 1020 à 1022 et 1543.	CAS OU IL N'Y A QUE DES OUVRIERS. 1° Décision du préfet autorisant l'exécution des travaux par voie de régie ; 2° Copie timbrée du devis estimatif des travaux ; 3° Mandat T d'avances quittancées par le régisseur ; 4° Etat modèle n° 8, certifié par le régisseur, les journées dûment quittancées par les ouvriers, ledit état visé par le surveillant pour réception d'œuvre, et arrêté par le maire.
270. Constructions et grosses réparations en régie. — I. G. N° 60, art. 993, 1014, 1020 à 1022 et 1543.	CAS OU IL Y A UN TRAITÉ AVEC UN ENTREPRENEUR OU AVEC UN MAITRE OUVRIER. *Avec le premier compte.* 1° Décision du préfet autorisant l'exécution des travaux par voie de régie ; 2° Copie non timbrée du devis et cahier des charges ;

(1) Lorsque le montant des travaux reconnus excède le montant du devis ou détail estimatif, il faut en outre l'approbation du préfet sur cet excédant de travaux mise au bas du devis supplémentaire ou donnée séparément.

DÉSIGNATION DES DÉPENSES.	JUSTIFICATIONS A PRODUIRE A L'APPUI DES MANDATS.
270. Constructions et grosses etc. (*suite*).	3° Détail estimatif ou série de prix ; 4° Copie T du marché ou traité ; 5° Certificat T de paiement des travaux, délivré par l'architecte ou par l'agent-voyer, s'il s'agit de travaux rentrant dans les attributions du service vicinal, ledit certificat visé par le maire, résumant les dépenses faites et indiquant la somme à payer. *Avec les comptes autres que le premier et le compte final.* 1° Certificat T indiqué au n° 5 ci-dessus ; 2° Certificat du comptable indiquant à quel compte et à quel article du compte ont été joints le devis et cahier des charges, le détail estimatif et le marché ou traité ; 3° Copie de la décision du préfet autorisant la régie ; *Avec le compte final.* 1° Décision du préfet autorisant l'exécution des travaux par voie de régie ; 2° Copie timbrée du devis et cahier des charges ; 3° Copie T du détail estimatif ou série de prix ; 4° Copie T du marché ou traité ; 5° Procès-verbal de réception définitive des travaux délivré par l'ar-

DÉSIGNATION DES DÉPENSES,	JUSTIFICATIONS A PRODUIRE A L'APPUI DES MANDATS.
270. Constructions et grosses etc. (*suite*).	chitecte ou par l'agent-voyer, s'il s'agit de travaux sur les chemins vicinaux, ledit procès-verbal visé par le maire résumant les dépenses faites et indiquant le solde à payer ; 6° Etat modèle n° 317.(1)
271. Constructions et grosses réparations en régie. — I. G. N° 60, art. 993, 1014, 1020 à 1022 et 1543.	CAS OU L'ENTREPRENEUR EST A SES PIÈCES OU A LA TACHE. 1° Décision du préfet autorisant l'exécution des travaux par voie de régie ; 2° Expédition T du devis relatant la décision approbative des travaux ; 3° Etat des travaux exécutés ou des fournitures faites, certifié par l'entrepreneur, visé pour réception d'œuvre par l'agent surveillant, et arrêté par le maire.
272. Constructions et grosses réparations sur soumission directe. — I. G. N° 59, art. 1020 à 1022 et 1543.	*Avec le premier compte·* 1° Expédition T de la soumission approuvée par le préfet ; 2° Copie non timbrée du cahier des charges relatant la décision approbative des travaux ; 3° Copie non timbrée du détail estimatif ou série de prix ; 4° Copie non timbrée du bordereau d'inscription hypothécaire prise pour la garantie de l'entreprise ou copie

(1) Lorsqu'il est constaté qu'il y a augmentation de travaux, il faut, en outre : 1° Une décision du préfet approuvant cette augmentation ; 2° le devis estimatif des travaux supplémentaires.

DÉSIGNATION DES DÉPENSES.	JUSTIFICATIONS A PRODUIRE A L'APPUI DES MANDATS.
	non timbrée de la quittance constatant le versement du cautionnement fourni en numéraire ou bien un arrêté motivé du maire, approuvé par le préfet, dispensant l'entrepreneur de tout cautionnement; (1) 5° Certificat T de paiement des travaux, délivré par l'architecte ou par l'agent-voyer, s'il s'agit de travaux rentrant dans les attributions du service vicinal, ledit certificat, visé par le maire, résumant la situation des dépenses faites et indiquant la somme à payer;
272. Constructions et grosses etc. (*suite*).	6° Etat, Mod. N° 317.
	Avec les comptes autres que le premier et le compte final. 1° Certificat T de paiement des travaux, délivré par l'architecte ou par l'agent-voyer, s'il s'agit de travaux rentrant dans les attributions du service vicinal, ledit certificat, visé par le maire, résumera les dépenses faites et indiquera la somme à payer; 2° Etat, Mod. N° 317.
	Avec le compte final. 1° Expédition T de la soumission approuvée par le Préfet;

(1) Cette dispense ne doit être accordée que dans des cas exceptionnels et lorsqu'il s'agit de travaux de peu d'importance, confiés à un entrepreneur consciencieux et très solvable.

DÉSIGNATION DES DÉPENSES.	JUSTIFICATIONS A PRODUIRE A L'APPUI DES MANDATS.
272. Constructions et grosses etc. (*suite*).	2° Expédition T du cahier des charges relatant la décision approbative des travaux ; 3° Expédition T du devis et cahier des charges ; 4° Expédition T du détail estimatif ou du bordereau des prix ; 5° Copie T du bordereau d'inscription hypothécaire, prise pour la garantie de l'entreprise ou copie T de la quittance, constatant la réalisation en numéraire du cautionnement ou bien un arrêté T motivé du maire, approuvé par le préfet, dispensant l'entrepreneur de fournir un cautionnement ; 6° Certificat ou procès-verbal T constatant la réception définitive des travaux, délivré par l'architecte ou par l'agent-voyer, s'il s'agit de travaux rentrant dans les attributions du service vicinal, ledit certificat, visé par le maire, résumera les dépenses faites et indiquera le solde à payer (¹). 7° Etat, mod. N° 317.

(1) Lorsque le montant des travaux reconnus excède le montant du devis estimatif, il faut en outre l'approbation du préfet sur cet excédent des travaux mise au bas du devis supplémentaire, ou donnée séparément.

DÉSIGNATION DES DÉPENSES.	JUSTIFICATIONS A PRODUIRE A L'APPUI DES MANDATS.
273. CONTINGENTS prélevés sur les centimes et sur les prestations pour les chemins vicinaux de grande ou de de moyenne communication.—I. G. N° 71, art. 613.	Récépissé du receveur des finances visé par le sous-préfet et par le maire.
274. CONTINGENT pour le service des enfants assistés.— I. G. N° 71, art. 613.	Idem.
275. CONTINGENT pour le service des aliénés. —I. G. N° 71 art. 613.	Idem.
276. CONTINGENT pour le traitement des agents-voyers auxiliaires.— I. G. N° 71, art. 613. — Arrêté préfectoral du 1er janvier 1856, art. 32.— Décision ministérielle du 12 mars 1855.	Idem.
277. CONTINGENT pour le traitement et les frais de bureau du commissaire de police cantonal. —I. G. N° 71, art. 613.— D. 28 mars 1852. — D. 17 janvier 1853. —C. fin. 15 mars 1853. — C. Int. 19 mars 1853..	Idem.

DÉSIGNATION DES DÉPENSES.	JUSTIFICATIONS A PRODUIRE A L'APPUI DES MANDATS.
278. CONTINGENT pour le traitement du médecin cantonal. — I. G. N° 71, art. 613. — C. M. Int. du 7 août 1862.	Récépissé du receveur des finances visé par le sous-préfet et par le maire.
279. CONTRIBUTIONS des biens communaux. — I. G N° 65, art. 993.	1° Extrait du rôle certifié par le percepteur ; 2° Quittance à souche du percepteur.
280. CONTRIBUTIONS des biens des hospices ou des bureaux de bienfaisance. — I. G. N° 65, art. 93.	Idem.
281. COTES irrécouvrables. — I. G. art. 825, 888, § 8 et 910.	1° Demande en décharge présentée par le comptable ; 2° Délibération du conseil municipal portant approbat. de la demande; 3° Décision du préfet; 4° Quittance à souche énonçant valeur reçue en ordonnance de décharge. (1)
282. COTISATIONS particulieres.—I. G. N°79, art. 1108 et 1476. — (Hors budget).	Mémoires et états de fournitures, et travaux T; quittances des parties prenantes T.
283. COTISATIONS des biens communaux aux rôles de syndicats.— I G. N° 45, art. 1108 et 1476.	1° Extrait du rôle certifié par le receveur du syndicat, visé par le maire de la commune cotisée. 2° Quittance à souche du receveur du syndicat, si le receveur est en

(1) Les états des cotes irrécouvrables sont présentés à la clôture de l'exercice, c'est-à-dire au 31 mars au plus tard.

DÉSIGNATION DES DÉPENSES.	JUSTICATIONS A PRODUIRE A L'APPUI DES MANDATS.
283. Cotisations des biens, etc. (*suite*)	même temps percepteur; si le receveur du syndicat n'est pas le percepteur, il donne à celui-ci une quittance ordinaire.
284. Cotisations des biens des établissements de bienfaisance. I. G. Nº 45, art. 1108 et 1476.	Idem.
285. Cotisations municipales.—I. G. Nº 71, art. 613.	Récépissés du receveur des finances, visés par le maire indiquant la nature de la cotisation.
286. Cotisation de la commune dans les frais de délimitation de forêt.—I. G. Nº 45, art. 1108 et 1476.	1° Extrait du rôle certifié par le receveur municipal de la commune qui encaisse la cotisation et visé par le maire de la commune qui paie. 2° Quittance à souche du receveur de la commune qui encaisse.
287. Cotisation de l'établissement de bienfaisance dans les frais de délimitation. —I. G. Nº 45. art. 1108 et 1476.	1° Extrait du rôle certifié par le receveur de l'établissement qui encaisse la cotisation et visé par le président de l'établissement qui paie ; 2° Quittance à souche du receveur de l'établissement qui encaisse.
288. Coupe affouagère distribuée en nature. — I. G. Nº 74, art. 874 et 1103. — (Hors budget).	Etat nominatif certifié par le maire et présentant par contenance de chaque lot, ou par nature de produit, la part afférente à chacun des habitants et émargement de ceux-ci.

DÉSIGNATION DES DÉPENSES.	JUSTIFICATIONS A PRODUIRE A L'APPUI DES MANDATS.
289. Dépenses des mois de nourrices et pensions des enfants assistés. — I. G. N° 116, art. 1088 et 1175.	Etats nominatifs appuyés de certificats de vie des enfants, délivrés par les maires, ou les actes de décès avec les quittances des nourrices ou les certificats de paiement délivrés par les maires.
290. Dépenses du collége communal. — I. G. N° 52, art. 880 et 996.	1° Copie dûment certifiée du compte-rendu par le principal et faisant ressortir la perte de la gestion annuelle du collège; 2° Etats de traitements certifiés par le principal, dûment émargés par les régents, et portant mention des retenues pour le service des pensions civiles (art. 344.)
291. Dépenses de l'éclairage par adjudication. — I. G. art. 1022 et 1543.	*Avec le premier compte.* 1° Copie T du procès-verbal d'adjudication approuvé par le préfet; 2° Copie non timbrée du cahier des charges approuvé par le préfet; 3° Copie non timbrée du bordereau d'inscription hypothécaire prise pour la garantie de l'entreprise, ou copie non timbrée de la quittance constatant le versement du cautionnement en numéraire, ou bien un arrêté motivé du maire, approuvé par le préfet, dispensant l'entrepreneur de fournir un cautionnement. *Avec les comptes autres que le premier et le compte final.* Copie non timbrée du cahier

7

DÉSIGNATION DES DÉPENSES.	JUSTIFICATIONS A PRODUIRE A L'APPUI DES MANDATS.
	des charges , approuvé par le préfet. 2° Certificat du comptable indiquant à quel compte et à quel article du compte ont été joints le procès-verbal d'adjudication et la pièce justifiant la réalisation ou la dispense de cautionnement.
291. Dépenses de l'éclairage etc. (*Suite*).	*Avec le compte final.* 1° Copie du procès-verbal d'adjudication approuvé par le préfet ; 2° Copie T du cahier des charges relatant l'approbation du préfet ; 3° Copie T du bordereau de l'inscription hypothécaire prise pour la garantie de l'entreprise, ou copie T de la quittance constatant la réalisation du cautionnement en numéraire, ou bien un arrêté T motivé du maire approuvé par le préfet dispensant l'entrepreneur de fournir un cautionnement.
292. Dépenses de l'éclairage par soumission directe ou par traité de gré à gré.— *Dépense excédant 300 fr.*— I. G. art. 1022 et 1543.	Les mêmes pièces que celles énoncées à l'article précédent en substituant, suivant le cas, au procès-verbal d'adjudication, la soumission ou le traité de gré à gré.

DÉSIGNATION DES DÉPENSES.	JUSTIFICATIONS A PRODUIRE A L'APPUI DES MANDATS.
293. Dépenses par suite des consignations d'octroi sur passe-debout. — (Hors budget). — I. G. N° 73, art. 1102 et 1463.	1° Relevés mensuels T indiquant d'une part les remboursements justifiés par les quittances des parties prenantes et d'autre part les sommes converties en perception définitive; 2° Certificat de sortie des objets qui ont donné lieu aux consignations.
294. Dépenses de l'octroi. — Frais d'impression. — Ord. 8 décembre 1814. — art. 68 et 69. — C. 17 août 1837. — 29 octobre 1852.	Quittance du receveur des contributions indirectes.
295. Dépenses de l'octroi. — (Ensemble des frais de perception). — I. G. N° 62. art. 915, 916 et 923. — C. 30 septembre et 12 décembre 1828.	Copie, dûment certifiée de la décision du ministre des finances, ou du préfet du département qui a fixé les frais de perception en vertu de l'article 10 de l'ordonnance du 9 septembre 1814, ou mention de cette décision dans le bordereau de décembre.
296. Dépenses de de l'octroi. — (Dépenses imprévues). — I. G. N° 62, a. t. 915, 916 et 923. — C. 30 septembre et 12 décembre 1828.	1° Mémoires, factures, conventions ou marchés dans les cas où ces voies sont employées T, ou décomptes de livraison, 2° Quittances des parties prenantes T.

DÉSIGNATION DES DÉPENSES.	JUSTIFICATIONS A PRODUIRE A L'APPUI DES MANDATS.
297. Dépenses de l'octroi. — (Dépenses accessoires). — I. G. N° 62, art. 915, 916 et 923.—C. 30 septembre et 12 décembre 1828.	1° Extraits dûment certifiés par le maire du réglement de l'octroi; 2° Actes qui ont fixé les dépenses accessoires T.
298. Dépenses de l'octroi. — (Indemnité d'exercice due à l'administration des contributions indirectes). —I. G. N° 62, art. 915, 916 et 923. — C. 30 septembre et 12 décembre 1828.	1° Décompte dûment arrêté par le maire et présenté par le directeur des contributions indirectes ; 2° Quittances de celui-ci T.
299. Dépenses imprévues. — I. G. N° 70, art. 810.	1° Autorisation d'imputation délivrée par le sous-préfet ; 2° Les autres pièces exigées par le présent tableau de justification suivant le cas et la nature de la dépense faite.
300. Dépenses d'ordre de l'octroi. — Consignations pour saisies et amendes. — I. G. N° 73, art. 1102 et 1462. —(Hors budget).	Pour les *remboursements*, décisions qui les autorisent et quittances T des parties prenantes ; Pour les *frais divers*, pièces justificatives de ces frais ; Pour les *droits fraudés*, déclaration de recette du receveur du bureau central au bas de l'état de répartition; Pour la *part revenant aux saisissants*, ledit état T émargé par les parties prenantes ou, s'il s'agit de

DÉSIGNATION DES DÉPENSES.	JUSTIFICATIONS A PRODUIRE A L'APPUI DES MANDATS.
300. Dépenses d'ordre, etc, (*suite*).	saisie mixte, par le receveur principal des contributions indirectes ; Pour la *part revenant à la commune*, et pour la *part affectée aux fonds de retraite*, le même état et les quittances du receveur municipal. Etats mensuels des consignations restituées ou réparties.
301. Dépenses d'ordre de l'octroi.— Consignation sur passe-debout.— I. G. N° 73, art. 1102 et 1463.—(Hors budget).	Relevés mensuels des recettes et des dépenses sur passe-debout, indiquant, d'une part, les remboursements justifiés par les quittances des parties prenantes T et, d'autre part, les sommes converties en perception définitive. Certificat de sortie des objets qui ont donné lieu aux *consignations*.
302. Dépenses d'ordre de l'octroi. — Remises allouées aux employées par l'administration des contributions indirectes. — I. G. N° 73, art. 1102 et 1464.— (Hors budget).	Etat de répartition T dressé par le maire et dûment émargé par les parties prenantes.
303. Dépenses d'ordre de l'octroi.— Produits des ventes faites dans les entrepôts.— I. G. N° 73, art. 1102 et 1464. — (Hors budget).	Quittances des ayant droit T ;

DÉSIGNATION DES DÉPENSES.	JUSTIFICATIONS. A PRODUIRE A L'APPUI DES MANDATS.
304. Dépôts d'argent et d'objets précieux.— I. G. N° 127, art. 1111. —(Hors budget).	1° Quittances des ayant-droit pour les objets restitués et qui doivent être estimés en argent ; 2° Etat des objets qui auraient été vendus au profit de l'établissement ; 3° État des objets restant en dépôt : ces deux états certifiés par un membre de la commission administrative.
305. Distribution de prix aux élèves des écoles communales.	1° Mémoire T ; 2° Etat nominatif de distribution dressé par le maître et visé par le maire.
306. Échange de propriétés immobilières par voie amiable. — Soulte ne dépassant pas 100 fr. — Application des règles du droit commun.— I. G. N° 55, art. 1018, 1543.— L. 18 juillet 1837, art. 46. — D. 25 mars 1852, § 41 du tableau A.— C. N. art. 2181, 2194 et 2195. — C. Pro. art. 834.	1° Ampliation de l'arrêté du préfet autorisant l'échange ; 2° Copie certifiée du contrat, timbrée lorsqu'elle est produite avec le compte final, non timbrée, lorsqu'il s'agit d'une justification provisoire ; 3° Certificat T du conservateur, délivré après la transcription et constatant la non-existence d'inscriptions judiciaires ou conventionnelles ou la radiation de celles qui existaient ; 4° Délibération du conseil municipal votant la dispense de transcription et de purge des hypothèques légales, ladite délibération approuvée par le préfet ; 5° Décompte en principal et intérêts du prix de la soulte, Mod. N° 316.

DÉSIGNATION DES DÉPENSES.	JUSTIFICATIONS A PRODUIRE A L'APPUI DES MANDATS.
307. Échange de propriétés immobilières par voie amiable et par application des règles du droit commun (1). — *Soulte dépassant* 100 *francs.* — I. G. N° 55, art. 1018. — L. 18 juillet 1837, art. 46. — D. 25 mars 1852, § 41 du tableau A. — C. N. art. 2181, 2194 et 2195. — C. P. art. 834.	1° Ampliation de l'arrêté du préfet autorisant l'échange ; 2° Copie certifiée du contrat, timbrée lorsqu'elle est produite avec le compte final, non timbrée, lorsqu'il s'agit d'une justification provisoire, ladite copie portant mention de la transcription ; 3° Certificat T du conservateur, délivré après la transcription, et constatant la non-existence d'inscription ou la radiation de celles qui existaient ; 4° Décompte en principal et intérêts du prix de la soulte, Mod. N° 316; 5° Certificat T du greffier du tribunal civil constatant le dépôt et l'affiche du contrat au greffe pendant deux mois ; 6° Copie T de la signification de ce dépôt au procureur impérial, et aux parties désignées en l'art. 2194 C. N.; 7° Journal (2) dans lequel a été publiée la signification faite au procureur impérial :

(1) En échange comme en acquisition par application des règles du droit commun, lorsqu'il s'agit de propriété appartenant en totalité ou en partie à des mineurs, interdits, absents ou incapables, le contrat doit rappeler l'autorisation donnée par le tribunal, autorisant l'échange et l'acceptation, s'il y a lieu, des offres réelles de la commune. Il en est de même pour les immeubles dotaux. Dans tous les cas, on doit fournir la justification du remploi lorsqu'il est ordonné. S'il existe des inscriptions hypothécaires ou oppositions qui empêchent que le paiement puisse être fait à l'échangiste la soulte est versée à la caisse des dépôts et consignations, en se conformant aux formalités indiquées au n° 245 de la présente nomenclature.

(2) Il faut que ce journal ait été désigné par le préfet pour recevoir les annonces. Cette désignation est l'objet chaque année d'un arrêté qui est rappelé en tête du journal en faveur duquel il a été rendu.

DÉSIGNATION DES DÉPENSES.	JUSTIFICATIONS A PRODUIRE A L'APPUI DES MANDATS.
307. ECHANGE de propriétés, etc. (*suite*),	8° Certificat T du conservateur constatant que dans le délai de deux mois, il n'a été pris aucune inscription sur les immeubles échangés.
308. DROITS de mutation sur legs.	1° Décompte des droits certifiés par le comptable ; 2° Quittance du receveur de l'enregistrement.
309. ENTRETIEN annuel de mobilier autre que celui énoncé aux N°ˢ 311, 312 et 313. — I. G. N° 54, art. 1021 à 1024.	Mémoire ou facture T.
310. ENTRETIEN annuel de l'église. — I. G. N° 54, art. 1021 à 1024.	Etat ou mémoire T des objets réparés ou fournis arrêté par le maire.
311. ENTRETIEN annuel de la maison commune et du mobilier. — C. M. 19 mai 1858. — C. P. 10 juin 1858. — I. G. N° 54, art. 1021 à 1024.	1° Etat ou mémoire T des objets réparés ou fournis, arrêté par le maire ; 2° Certificat du maire attestant que les objets mobiliers réparés ou fournis sont incrits sur l'inventaire du mobilier de la maison commune.
312. ENTRETIEN annuel de la salle de la justice de paix et du mobilier. — I. G. N° 54, art. 1621 à 1024.	1° Etat ou mémoire T des objets réparés ou fournis, arrêté par le maire ; 2° Certificat du maire constatant que les objets mobiliers réparés ou fournis sont inscrits sur l'inventaire du mobilier de la justice de paix.

DÉSIGNATION DES DÉPENSES.	JUSTIFICATIONS A PRODUIRE A L'APPUI DES MANDATS.
313. Entretien annuel de la maison d'école et du mobilier.— I. G. N° 54, art. 1021 à 1024.	1° Etat ou mémoire T des objets réparés ou fournis, arrêté par le maire; 2° Certificat du maire constatant que les objets mobiliers réparés ou fournis sont inscrits sur l'inventaire du mobilier de la maison d'école;
314. Entretien annuel de l'horloge.— I. G. N° 60.	Etat ou mémoire T, certifié et signé par le fournisseur et arrêté par le maire.
315. Entretien annuel des passerelles.—I. G. N° 60. — *Dépenses n'excédant pas 300 fr.*	Etat ou mémoire T, certifié par le fournisseur ou l'entrepreneur arrêté par le maire.
316. Entretien annuel des promenades publiques. — I. G. N° 60.— *Dépenses n'excédant pas 300 fr.*	Idem.
317. Entretien annuel des pompes à incendie et de leurs accessoires.— I. G. N° 60.— *Dépenses n'excédant pas 300 fr.*	Idem.
318. Entretien annuel des pavés.—I. G. N° 60. — *Dépenses n'excédant pas 300 fr.*	Idem.

DÉSIGNATION DES DÉPENSES.	JUSTIFICATIONS A PRODUIRE A L'APPUI DES MANDATS.
319. ENTRETIEN des acqueducs, fontaines, puits et mares.— I. G. N° 60. — *Dépenses n'excédant pas 300 fr.*	Etat ou mémoire T, certifié par le fournisseur ou l'entrepreneur, arrêté par le maire.
320. ENTRETIEN annuel des halles et marchés.— I. G. N° 60.— *Dépenses n'excédant pas 300 fr.*	Idem.
321. ENTRETIEN annuel du cimetière. — I. G. N° 60. — *Dépensès n'excédant pas 300 fr.*	Idem.
322. ENTRETIEN annuel du presbytère. — I. G. N° 60.—*Dépenses n'exédant pas 300 fr.*	Idem.
323. ENTRETIEN annuel du temple. — I. G. N° 60. — *Dépenses n'excédant pas 300 fr.*	Idem.
324. ECLAIRAGE en régie.—I. G. art. 1022. —*Dépenses n'excédant pas 300 fr.*	Mémoire T du fournisseur, allumeur ou surveillant, certifié par lui et arrêté par le maire.
325. EXCÉDANT de versement sur les produits communaux ou charitables. — I. G. N° 76, art. 1105. — (Hors budget).	Quittances des parties intéressées ou quittances à souche des receveurs municipaux ou hospitaliers constatant l'application aux comptes des communes ou des établissements charitables des sommes non réclamées.

DÉSIGNATION DES DÉPENSES.	JUSTIFICATIONS A PRODUIRE A L'APPUI DES MANDATS.
326. EXTINCTION de la mendicité.	Mandat T acquitté par le trésorier du comité.
327. FÊTES publiques.	Mémoires ou états timbrés des fournisseurs certifiés par eux et arrêtés par le maire.
328. FOURNITURES de livres, papier, plumes, etc., pour les élèves indigents.	1° Mémoire T; 2° Etat nominatif de distribution, approuvé par le maître et visé par le maire.
329. FOURNITURES à un établissement charitable de blé, farine, viande, pain et autres aliments de consommation ou objets mobiliers d'entretien. — I. G. N°^{os} 54 et 117, art. 1091 et 1094. — L. 7 août 1851.	1° Mémoires ou factures T; 2° Copie de la délibération de la commission administrative qui règle le mode et les conditions des marchés dont la durée n'excède pas une année; ladite délibération contenant l'arrêté du préfet qui a autorisé les traités de gré à gré.
330. FOURNITURES de mobilier, denrées ou marchandises. — *Dépenses n'exédant pas 300 fr.*—I. G. N° 54, art. 1021 à 1024.	Mémoires ou factures T.
331. FOURNITURES de mobilier, denrées ou marchandises. — *Dépenses excédant 300 fr.*—I. G. N° 54, art. 1021 à 1024.	Mêmes justifications que pour les achats ou acquisitions par adjudication, marché ou traité de gré à gré.

DÉSIGNATION DES DÉPENSES.	JUSTIFICATIONS A PRODUIRE A L'APPUI DES MANDATS.
332. FRAIS de délimitation de forêts soumises au régime forestier.	Etat détaillé portant liquidation des frais certifié par le conservateur des forêts et arrêté par le préfet.
333. FRAIS d'expertise en matière de contributions directes. — L. 2 messidor an VII. — Arrêté des consuls du 24 floréal an VIII.	Idem.
334. FRAIS d'expertise en matière contentieuse.	1° Mémoire T des frais et vacations dressé par l'expert ; 2° Copie ou extrait de l'arrêté du conseil de préfecture ou, s'il y appel, du conseil d'Etat, ledit extrait contenant notamment la disposition relative à la liquidation des frais dus.
335. FRAIS d'expertise en matière contentieuse réglés amiablement.	Mémoire T des frais et vacations dressé par l'expert accepté par le conseil municipal, et approuvé par le préfet.
336. FRAIS d'actes notariés.	Mémoire du notaire indiquant la nature et le coût des actes, lequel mémoire arrêté par le maire.
337. FRAIS de condamnation par arrêtés, jugements ou arrêts.	Expédition T de l'arrêté, jugement ou arrêt.
338. FRAIS de procès. 1er *cas.* — Avoué de la commune ou établissement charitable.	Etat T détaillé des frais à payer, certifié par l'avoué de la commune ou établissement charitable et taxé par le juge.

DÉSIGNATION DES DÉPENSES.	JUSTIFICATIONS A PRODUIRE A L'APPUI DES MANDATS.
339. FRAIS de procès. 2e *cas*. — Avoué de la partie adverse.	Exécutoire T de l'avoué de la partie adverse.
340. FRAIS de purge d'hypothèque.	Etat T détaillé des frais certifié par l'avoué et visé par le maire.
341. FRAIS de port de marchandises ou d'objets mobiliers.	1° Bulletin de messageries ou de chemins de fer T; 2° Certificat de réception des colis, délivré par le maire.
342. FRAIS de voyage.	Etat ou mémoire T détaillé, certifié par la partie prenante et arrêté par le maire.
343. FRAIS des registres de l'Etat-civil.	Récépissé comptable du receveur des finances, visé par le sous-préfet et par le maire.
344. FRAIS d'impressions des budgets et imprimés. — C. 25 novembre 1836. — C. 12 avril 1837.	Idem.
345. FRAIS de bureau de la mairie.	Etat T indiquant les fournitures faites, et le prix, dressé et certifié par le fournisseur et arrêté par le maire.
346. FRAIS d'administration forestière.	Etat T taxé par le directeur des domaines.
347. FRAIS d'exploitation des coupes affouagères.	Etat T dressé et certifié par le maire.

DÉSIGNATION DES DÉPENSES.	JUSTIFICATIONS A PRODUIRE A L'APPUI DES MANDATS.
348. FRAIS de vente de matériaux de démolition ou de rebus.	1° Décision du préfet autorisant la vente ; 2° Mémoire T des frais, arrêté par le maire.
349. FRAIS d'impression.	Mémoire T ou facture de l'imprimeur, arrêté par le maire.
350. FRAIS et dépens par suite d'expropriation.	1° Extrait T de la décision du jury en ce qui concerne les frais et dépens ; 2° État T dument taxé par le directeur du jury.
351. FOURNITURES de bureau.	Mémoire ou facture T du fournisseur, arrêté par le maire.
352. GRATIFICATION à des employés.	Néant (1).
353. GRATIFICATION à des particuliers.	Idem.
354. GRATIFICATION à un instituteur provisoire.	Idem.
355. GRATIFICATION à un instituteur libre.	Idem.
356. GRATIFICATION à	Idem.

(1) Aucune justification n'est exigée mais on doit mentionner en détail les causes de la gratification accordée.

DÉSIGNATION DES DÉPENSES.	JUSTIFICATIONS A PRODUIRE A L'APPUI DES MANDATS.
357. HONORAIRES dus aux agents-voyers pour travaux en dehors de leur service spécial. — C.P. 18 janvier 1853.— Arrêté P. 1er janvier 1856, art. 50 et 51.— Arrêté P. 14 janvier 1860.	1° Visa du mandat par la préfecture ; 2° Etat T indiquant les vacations employées et les kilomètres parcourus ; 3° Copie de l'autorisation du préfet de s'occuper de ce travail particulier.
358. HONORAIRES d'architecte. — Régl. m^{tre} Int. page 231.	Décompte T dressé et certifié par l'architecte et arrêté par le maire, ledit décompte indiquant les travaux exécutés, surveillés ou vérifiés et déterminant la somme proportionnelle à laquelle a droit l'architecte d'après les règlements, déduction faite des à-comptes précédemment reçus.
359. HONORAIRES des ingénieurs pour travaux exécutés avec leurs concours.	Etat T détaillé des travaux indiquant les honoraires qui s'y rapportent, dressé et certifié par l'ingénieur et approuvé par le préfet.
360. HONORAIRES de notaire.—D. 16 février 1807, art. 173.	Etat T détaillé taxé par le président du tribunal.
361. HONORAIRES d'avocat.	Mémoire T taxé par le conseil de discipline de l'ordre, indiquant les plaidoiries, consultations, visites de lieux et assistances depuis telle époque jusqu'à telle autre, les diverses phases et formalités qu'a subies le procès.

DÉSIGNATION DES DÉPENSES.	JUSTIFICATIONS A PRODUIRE A L'APPUI DES MANDATS.
362. INDEMNITÉ d'exercice due sur l'octroi à l'administration des contributions indirectes.	1° Décompte dressé par la régie des contributions indirectes ; 2° Quittances à souche des contributions indirectes.
363. INDEMNITÉ pour dommages réglée amiablement. — I. G. N° 64. § 3.	Réglement T amiable intervenu entre le maire et le propriétaire, accepté par le conseil municipal et approuvé par le préfet (1).
364. INDEMNITÉ pour dommages fixée par le conseil de préfecture. — I. G. N° 64, § 3.	Expédition T de l'arrêté du conseil de préfecture portant fixation de l'indemnité à payer (1).
365. INDEMNITÉ de logement à l'instituteur communal.	1° Mandat visé par la préfecture ; 2° Certificat délivré par le maire attestant que l'instituteur est resté en fonctions pendant tout le temps pour lequel l'indemnité est mandatée.
366. INDEMNITÉ de logement à l'institutrice communale.	Certificat délivré par le maire attestant que l'institutrice est restée en fonctions pendant tout le temps pour lequel l'indemnité est mandatée.
367. INDEMNITÉ de logement à l'institutrice libre.	Idem.

(1) Si l'indemnité due provient d'extraction de matériaux, de dépôt ou enlèvement de terre, d'occupation temporaire de terrain, et ayant fait l'objet d'une autorisation prévue par l'art. 17 de la loi du 21 mai 1836, il sera produit l'arrêté préfectoral portant cette autorisation.

DÉSIGNATION DES DÉPENSES.	JUSTIFICATIONS A PRODUIRE A L'APPUI DES MANDATS.
368. Indemnité de logement à l'instituteur libre.	Certificat délivré par le maire attestant que l'instituteur est resté en fonctions pendant tout le temps pour lequel l'indemnité est mandatée.
369. Indemnité de jardin au desservant.	Néant.
370. Indemnité de logement au desservant.	Idem.
371. Indemnité de logement au pasteur protestant.	Idem.
372. Indemnité à la sage-femme.	Idem.
373. Indemnités éventuelles à des architectes, agents-voyers, ingénieurs, etc. — Règl. m^{tre} Int. page 231.	Extrait certifié de la décision du préfet.
374. Intérêts d'emprunt. — I. G. N° 68, art. 970.	1° Quittance de la partie prenante timbrée lorsqu'elle n'est pas détachée d'obligations timbrées ; 2° Décompte d'intérêts (1).
375. Intérêts.	Décompte dressé par le maire et vérifié par le comptable, lequel décompte doit énoncer :

(1) Tout titre original au porteur doit être frappé d'un timbre d'annulation.

DÉSIGNATION DES DÉPENSES.	JUSTIFICATIONS A PRODUIRE A L'APPUI DES MANDATS.
375. INTÉRÊTS (*suite*).	1° Le capital dû qui donne lieu à intérêt ; 2° Le temps couru ; 3° Les dates de départ et de fin ; 4° Le total des intérêts à payer.
376. LIVRAISONS à l'économe des produits de fermages ou rentes en denrées. — I. G. N° 121, art. 1078 à 1080, 1460 et 1576.	Les procès-verbaux d'entrée en magasin dressés conformément à l'instruction du 20 novembre 1836.
377. LIVRAISONS à l'économe des produits des domaines et jardins exploités par l'administration. — I. G. N° 122, art. 1078 à 1080, 1460 et 1576.	Un état dument certifié des produits et de leur évaluation en argent.
378. LOYER de la maison d'école de garçons. — C. M. du 19 mai 1858. — C. P. 10 juin 1858, n° 20. — I. G. art. 1543.	*Avec chacun des comptes autres que le compte final.* 1° Visa du mandat par le préfet ; 2° Copie non timbrée, certifiée par le maire, du bail approuvé par le préfet et enregistré. *Avec le compte final.* 1° Copie timbrée du bail ; 2° Visa du mandat par le préfet.

DÉSIGNATION DES DÉPENSES.	JUSTIFICATIONS A PRODUIRE A L'APPUI DES MANDATS.
379. Loyer du logement de l'institutrice. — C. M. 19 mai 1858. — C. P. du 10 juin 1858 N° 20. — I. G. art. 1543.	Même justification que pour le loyer de la maison d'école.
380. Loyer de la salle de la justice de paix. — I. G. art. 1543.	*Avec chacun des comptes autres que que le compte final.* Copie non timbrée, certifiée par le maire, du bail approuvé par le préfet et enregistré. *Avec le compte final.* Copie du bail T certifiée par le maire.
381. Loyer du presbytère.	Idem.
382. Loyer de la maison commune.	Idem.
383. Loyer du logement de l'institutrice communale. — C. M. 19 mai 1858. — C. P. 10 juin 1858 N° 20.	Idem.
384. Loyer du logement du garde-champêtre.	Idem.
385. Loyer de la maison d'école de filles. — C. M. du 19 mai 1858. — C. P. 10 juin 1858 N° 20. — I. G. art. 1543.	Idem.

DÉSIGNATION DES DÉPENSES.	JUSTIFICATIONS A PRODUIRE A L'APPUI DES MANDATS.
386. LOYER du logement du pasteur protestant.	*Avec chacun des comptes autres que le compte final.* Copie non timbrée, certifié par le maire, du bail approuvé par le préfet et enregistré. *Avec le compte final.* Copie du bail T certifiée par le maire.
387. LOYER du logement de la sage-femme.	Idem.
388. LOYER du logement de l'instituteur libre.	Idem.
389. LOYER du logement du garde-forestier.	Idem.
390. LOYER du logement de l'institutrice libre.	Idem.
391. LOYER du presbytère.	Idem.
392. PART des amendes et saisies due aux employés de l'octroi.	Bordereau modèle P de la régie revêtu de l'acquit de la partie prenante.
393. PAYEMENT de rentes viagères.	Certificat de vie délivré par le maire.

DÉSIGNATION DES DÉPENSES.	JUSTIFICATIONS A PRODUIRE A L'APPUI DES MANDATS.
394. PAYEMENT à l'État du prix d'armes perdues de la garde nationale.— L. 22 mars 1831.—L. 13 juin 1851, art. 58.—D. 11 janvier 1852, art. 12. — Int. Min. 18 février 1834.	Expédition de l'arrêté du préfet portant décompte du nombre et de l'espèce des armes perdues, et fixant le prix à payer au receveur de l'enregistrement.
395. PAYEMENT de fondations pour services divins.	Néant (1).
396. PAYEMENT au percepteur pour frais de poursuites communaux irrécouvrables.	1° Délibération du conseil municipal, approuvée par le préfet, autorisant le paiement des cotes de frais irrécouvrables; 2° Quittance à souche individuelle.
397. PAYEMENT des intérêts de cautionnement.	Décompte d'intérêt dressé et certifié par le comptable, et visé par le maire.
398. PAYEMENT de retraites et pensions. — (Hors budget). — I. G. Nᵒˢ 72 et 123. art. 1099 et 1485.	Quittance des parties prenantes, timbrée quand la pension excède 300 fr.
399. PORT de lettres.	Etat détaillé certifié par le maire.
400. PRIMES accordées pour les bestiaux amenés aux foires.	Etat nominatif T dressé et certifié par le maire, mentionnant la nature, le montant des primes, ainsi que les

(1) Il est indispensable toutefois que le mandat indique l'origine de la fondation et le temps de la durée.

DÉSIGNATION DES DÉPENSES.	JUSTIFICATIONS A PRODUIRE A L'APPUI DES MANDATS.
400. Primes accordées, etc. (*suite*).	personnes qui les ont obtenues, ledit état dûment acquitté par la partie prenante.
401. Provisions à des avocats ou avoués.	Demande expresse présentée par l'avocat ou l'avoué faisant connaître que la somme donnée en provision sera imputée sur le mémoire des frais à fournir en fin de procès.
402. Remboursement d'avances faites par des tiers à des créanciers de la commune ou de l'établissement charitable.	1° Mémoire T certifié par le tiers qui a fait les avances, arrêté par le maire ; 2° Quittances des créanciers de la commune ou de l'établissement charitable payés par ce tiers, visées par le maire.
403. Remboursement à des redevables déchargés.	1° Délibération du conseil municipal approuvée par le préfet accordant la décharge ; 2° Certificat dressé et signé par le comptable constatant que la cote avait été payée par le redevable déchargé 3° Quittance de la partie à qui le remboursement est effectué.
404. Remboursement de cautionnement. — (Hors budget).	Expédition T de l'arrêté du maire approuvé par le préfet autorisant le remboursement du cautionnement.
405. Remboursement aux pupilles des hospices. — (Hors budget). L. 15 pluviose an XIII art. 6.	1° Acte de naissance du pupille devenu majeur; 2° Délibération de la commission administrative réglant le compte des capitaux à restituer au pupille; 3° Mandat de l'ordonnateur au nom du pupille.

DÉSIGNATION DES DÉPENSES.	JUSTIFICATIONS A PRODUIRE A L'APPUI DES MANDATS.
406. REMBOURSEMENT d'emprunt. — I. G. N° 68, art. 970. 1ᵉʳ *cas*. (1)	1° Récépissé à talon du caissier des dépôts et consignations ; 2° Etat présentant la situation à la fin de l'année.
407. REMBOURSEMENT d'emprunt à des particuliers. — I. G. N° 68, art. 970. 2ᵉ *cas*.	1° Quittance des ayant-droit; 2° Etat conforme au modèle N° 10.
408. REMBOURSEMENT d'emprunt à des particuliers. — I. G. N° 68, art. 970.	1° Etat conforme au modèle N° 10; 2° Obligation timbrée et dûment quittancée, ou effet souscrit par le maire et le receveur à l'ordre du prêteur dûment acquitté par celui-ci.
409. REMBOURSEMENT d'avances faites pour payer des droits d'enregistrement sur legs (2).	Copie T de la quittance du receveur de l'enregistrement constatant paiement des droits cumulés, certifiée par le receveur qui a perçu les droits et visée par le maire.
410. REMBOURSEMENT d'avances par un éxécuteur testamentaire.	1° Expédition timbrée de l'acte contenant décompte de l'exécuteur testamentaire ; 2° Délibération du conseil municipal ou de la commission administrative portant approbation du décompte ;

(1) Tout titre original au porteur doit être frappé d'un timbre-d'annulation.

(2) Le délai accordé pour payer les droits d'enregistrement ne court, pour les établissements publics, que du jour où l'avis officiel du décret ou de l'arrêté est parvenu dans la commune, Durieu : tome II, p. 411, 22 frimaire, an VII, art. 24, I. G., 20 juin 1859, art. 952.

DÉSIGNATION DES DÉPENSES.	JUSTIFICATIONS A PRODUIRE A L'APPUI DES MANDATS.
410. REMBOURSEMENT d'avances, etc. (*suite*).	3° Mémoires et quittances des parties payées par l'exécuteur testamentaire à la décharge de la commune ou de l'établissement charitable.
411. REMBOURSEMENT d'avances faites par des entrepreneurs de coupes affouagères.	1° Expédition de la délibération du conseil municipal, approuvée par le préfet, autorisant le remboursement; 2° Quittance T du receveur de l'enregistrement, mentionnant le paiement du montant des dommages prononcés contre les entrepreneurs en qualité de caution de la commune ou de l'établissement charitable.
412. REMBOURSEMENT à des adjudicataires de coupes de bois.	1° Proposition du conservateur des forêts; 2° Décision du préfet fixant la somme à rembourser.
413. REMBOURSEMENT et emploi en cautionnement des dépôts de garantie pour adjudications et marchés.— I. G. N°⁰ˢ 75 et 124, art. 1026 à 1029, 1104 et 1480.— (Hors budget).	Pour les dépôts restitués, certificat timbré du président de l'adjudication constatant que les parties prenantes n'ont pas été déclarées adjudicataires; décharges au verso des quittances à souche T du receveur municipal ou hospitalier ou des récépissés T du receveur des finances. Pour les dépots en numéraire convertis en cautionnement, déclarations du receveur des finances constatant le versement à sa caisse. Pour les inscriptions de rentes

DÉSIGNATION DES DÉPENSES.	JUSTIFICATIONS A PRODUIRE A L'APPUI DES MANDATS.
413. REMBOURSEMENT et emploi, etc. (*suite*).	affectées au cautionnement définitif, reçu ou accusé de réception du directeur de l'enregistrement ou de l'agent judiciaire du Trésor.
414. REMISES au receveur général sur le principal des coupes extraordinaires de bois, — I. G. N° 51, art. 357 et 965. — C. 12 janvier 1844.	1° Extrait du décompte, Mod. N° 89, certifié par le préfet ; 2° Quittance non timbrée du receveur général.
415. REMISES au percepteur pour la formation de l'état matrice de la taxe sur les chiens. — C. M. 19 mai 1856. — C. P. 29 septembre 1856.	Etat indiquant ; 1° Le nombre d'articles du rôle : 2° La rétribution de douze centimes par article ; 3° Le montant total de l'indemnité. Ledit état dressé par le receveur municipal et visé par le maire.
416. REMISES au percepteur sur centimes communaux. — L. 18 juillet 1837, art. 5.	Néant.
417. REMISES du receveur municipal. — I. G. N° 48, art. 1041, 1239, 1245.	1° Décompte définitif des remises prélevées sur les recettes et dépenses qui en sont passibles, suivant le modèle N° 254,

DÉSIGNATION DES DÉPENSES.	JUSTIFICATIONS A PRODUIRE A L'APPUI DES MANDATS.
417. REMISES du receveur, etc. (*suite*). (1)	2° Quittance du receveur municipal, timbrée si le traitement annuel dépasse 300 fr.
418. REMISES du receveur de l'établissement charitable. — I. G. N° 114.	Idem.
419. REMISES à un percepteur étranger qui a été chargé de recouvrer des créances pour un établissement. —I. G. art. 907. — Ord. 28 juin 1833, art. 1er et 4.	Bordereau détaillé dressé par le percepteur étranger des recouvrements qu'il a effectués portant décompte des remises prélevées et dûment quittancées par lui.
420. REMPLACEMENT de la contribution mobilière.—I. G. N° 66, art. 6 et 993.	Décret qui autorise le remplacement; extrait de l'état de répartition des contributions, et récépissé du receveur des finances.
421. RÉPARATIONS aux armes de la garde nationale effectuées par des particuliers.	Mémoire T de l'armurier.
422. RÉPARATIONS aux armes de la garde nationale effectuées par les ateliers de l'état.	Décision du préfet portant liquidation de la somme à payer au receveur de l'enregistrement.

(1) La première fois il est fourni copie dûment certifiée de la décision qui a fixé le taux des remises et relatant la délibération préalable du conseil municipal.

DÉSIGNATION DES DÉPENSES.	JUSTIFICATIONS A PRODUIRE A L'APPUI DES MANDATS.
423. Réparations d'armes de la garde nationale en exécution de la loi du 22 mars 1832, de celle du 13 juin 1851, art. 58 et du décret du 22 janvier 1852. — I. M. 18 février 1834.	Expédition de l'arrêté du préfet rendu sur le vu du procès-verbal de réintégration et fixant le prix à payer au receveur de l'enregistrement.
424. Réparations par adjudication.	Voir : Construction, N° 268.
425. Réparations de simple entretien *n'excédant pas* 300 *fr.* — I. G. N°ˢ 60 et 120, art. 1020 à 1022. — D. 10 brumaire an XIV. — C. 9 juin 1838.	Soumission T de l'entrepreneur acceptée par le maire et enregistrée, ou mémoire T des réparations exécutées en régie, dûment arrêté par le maire. — Modèle n° 8.
426. Réparations de simple entretien exécutées à la tâche sur les chemins vicinaux. — *Prix n'excédant pas* 300 *fr.* — I. G. N° 60, art. 1020 à 1022. — C. P. du 5 avril 1862, recueil de 1862, page 69.	Soumission T de l'entrepreneur acceptée par le maire et enregistrée au mémoire T des réparations exécutées à la tâche, visé par l'agent-voyer et dûment arrêté par le maire. — Modèle N° 8.
427. Salaire du garde-champêtre.	Néant.
428. Salaire du cantonnier communal.	Idem.

DÉSIGNATION DES DÉPENSES.	JUSTIFICATIONS A PRODUIRE A L'APPUI DES MANDATS.
429 SALAIRE du conducteur de l'horloge.	Néant.
430. SALAIRE du garde bois communal (1).	Idem.
431. SALAIRE du mandeur de la mairie.	Idem.
432. SALAIRE du sonneur de la retraite.	Idem.
433. SALAIRE de l'appariteur de police.	Idem.
434. SALAIRE du crieur public.	Idem.
435. SECOURS à la fabrique pour insuffisance de revenus. — I. G. art. 996.	Idem.
436. SECOURS au consistoire pour insuffisance de revenus. — I. G. art. 996.	Idem.
437. SECOURS à la fabrique pour constructions, réparations ou acquisitions. — I. G. art. 996.	Certificat T du trésorier de la fabrique visé par le maire attestant que l'entreprise est à la charge de la fabrique qui a contracté seule avec l'entrepreneur ou fournisseur et con-

(1) Lorsque les bois communaux sont soumis au régime forestier les fonds pour le salaire des gardes forestiers communaux sont centralisés à la recette générale et mandatés par le préfet. — C. M. fin. 28 février 1863. — C. P. 9 mars 1863, N. 9.

Nota concernant les art. Nos 437 et 438.

Le mandat doit être délivré à l'entrepreneur ou fournisseur qui n'a pas d'autre justification à fournir que le certificat ci-contre.

DÉSIGNATION DES DÉPENSES.	JUSTIFICATIONS A PRODUIRE A L'APPUI DES MANDATS.
447. Secours etc. (*suite*).	tenant consentement que la somme due soit payée à l'entrepreneur ou fournisseur par la commune.
438. Secours au consistoire pour constructions, réparations ou acquisitions. — I. G. art. 996.	Certificat T du trésorier du consistoire visé par le maire, constatant que l'entreprise est à la charge du consistoire qui a contracté seul avec l'entrepreneur ou fournisseur et contenant consentement que la somme due soit payée à l'entrepreneur ou fournisseur par la commune.
439. Secours aux indigents par bon individuel.	Quittance de la partie prenante sur le bon ou, le cas échéant, la signature sur ce bon de deux témoins qui attestent que le paiement a été fait en leur présence.
440. Secours aux indigents en argent ou en pain par l'intérmédiaire de tiers chargés de la distribution.— *Dépenses n'excédant pas 300 fr.*	Etat nominatif conforme au modèle N° 13, certifié par les distributeurs et arrêté par le maire.
441. Secours aux indigents en denrées non achetées.—*Dépenses n'excédant pas 300 fr.*—I. G. N° 117.	1° Etat nominatif conforme au Mod. N° 14, certifié par le distributeur et arrêté par le maire, portant évaluation en argent des denrées distribuées.
442. Secours aux indigents en denrées achetées. — *Dépenses n'excédant pas 300 fr.* — I. G. N° 117.	1° Mémoire T du fournisseur des denrées ; 2° Etat de distribution conforme au Mod. N° 14, dressé et certifié par le distributeur et arrêté par le maire

DÉSIGNATION DES DÉPENSES.	JUSTIFICATIONS A PRODUIRE A L'APPUI DES MANDATS.
442. Secours aux indigents, etc. (*suite*).	portant évaluation en argent des denrées distribuées.
443. Secours aux indigents en denrées achetées par suite d'adjudication. — *Dépense excédant* 300 *fr.* — I. G. N° 117.	1° Copie T du procès-verbal d'adjudication, approuvé par le préfet ; 2° Décompte de livraison dressé et certifié par l'adjudicataire et arrêté par le maire, conforme au Mod. N° 14.
444. Secours aux indigents en denrées achetées par suite de marché de gré à gré. — *Dépense excédant* 300 *fr.* — I. G. N° 117.	1° Copie de la décision du préfet qui autorise le marché de gré à gré ; 2° Copie T de ce marché ; 3° Décompte de livraison des denrées dressé conformément au Mod. N° 14.
445. Secours aux indigents en vêtements. —*Dépense n'excédant pas* 300 *fr.* — I. G. N° 117.	1° Mémoire T du fournisseur ; 2° État nominatif de distribution, Mod. N° 15.
446. Secours aux indigents en vêtements par adjudication.—*Dépense excédant* 300 *fr.*	1° Copie T du procès-verbal d'adjudication approuvé par le préfet ; 2° Décompte T de livraison des vêtements certifié par l'adjudicataire et arrêté par l'administrateur, Mod. N° 15.
447. Secours aux indigents en vêtements par suite de marché de gré à gré.—*Dépense excédant* 300 *fr.*	1° Copie de la décision du préfet qui a autorisé le marché de gré à gré. 2° Copie T de ce marché ; 3° Décompte de livraison des vêtements, Mod. N° 15.

DÉSIGNATION DES DÉPENSES.	JUSTIFICATIONS A PRODUIRE A L'APPUI DES MANDATS.
448. Secours aux indigents en blé converti en pain. — *Dépense n'excédant pas 300 fr.* pour chaque fournisseur.	1° Mémoire T du vendeur de blé ; 2° — du meunier ; 3° — du boulanger ; 4° Etat nominatif, Mod. N° 16.
449. Secours aux indigents en blé converti en pain par suite de marché de gré à gré. — *Dépense excédant 300 fr.*	1° Copie de la décision du préfet qui autorise le marché de gré à gré ; 2° Copie T du marché de gré à gré ; 3° Décompte du vendeur de blé ; 4° — du meunier ; 5° — du boulanger ; 6° Etat nominatif, Mod. N° 16.
450. Secours aux indigents en médicaments.	1° Mémoire T du pharmacien ; 2° Etat indiquant le nom des indigents malades qui ont reçu des médicaments dressé par le maire.
451. Secours à des anciens employés de la commune ou de l'établissement charitable.	Certificat de vie T délivré par le maire du domicile de l'employé secouru.
452. Secours aux indigents par suite de visite de médecin.	1° Mémoire T du médecin ; 2° Etat indiquant les noms des indigents malades qui ont reçu la visite du médecin.
453. Secours aux indigents en soupes économiques.	1° Expédition de la délibération portant nomination de la commission de surveillance. 2° Mémoires T des fournisseurs de

DÉSIGNATION DES DÉPENSES.	JUSTIFICATIONS A PRODUIRE A L'APPUI DES MANDATS.
453. SECOURS aux indigents, etc., (*suite*).	denrées ou combustibles visés par deux membres de la commission de surveillance ; 3° Etats des journées de main-d'œuvre visés par deux membres de la commission de surveillance et revêtus de l'acquit des ouvriers ; 4° Etat nominatif des indigents secourus, dressé et arrêté par l'administrateur.
454. SECOURS à l'institutrice libre pour admission dans son école d'élèves indigents.	Etat nominatif des élèves admis à l'école dressé par l'institutrice et visé par le maire.
455. SEMIS dans les bois communaux.	Mémoire T des fournitures faites ou des journées employées.
456. SOULTE d'achat de rente sur l'Etat.	1° Bordereau T de l'agent de change, visé par le maire ; 2° Décompte du receveur des finances, visé par le maire.
457. SOULTE d'échange d'immeuble.	V. Echange.
458. SUBVENTION au comité de secours pour l'extinction de la mendicité.	Etat T mentionnant les personnes secourues, signé par trois membres du comité et visé par le maire.
459. SUBVENTION au bureau de bienfaisance ou à l'hospice. — I. G. N° 67, art. 994.	Quittance T à souche du receveur de l'établissement subventionné.

DÉSIGNATION DES DÉPENSES.	JUSTIFICATIONS A PRODUIRE A L'APPUI DES MANDATS.
460. SUBVENTION aux sociétés de secours mutuel.	Quittance T du trésorier sur le mandat.
461. SUPPLÉMENT de traitement au pasteur.	Néant.
462. SUPPLÉMENT de traitement au desservant.	Idem.
463. SUPPLÉMENT de traitement à l'instituteur communal.	Certificat du maire attestant que l'instituteur est resté en fonctions pendant tout le temps pour lequel le supplément est accordé. *Le mandat doit être visé par la préfecture.*
464. TAXATION du receveur général sur le produit des coupes extraordinaires de bois. —I. G. § 51. art. 357, 965.	Extrait du décompte, Mod. N° 89, certifié par le préfet ; quittance non timbrée du receveur général. (1)
465. TAXE des biens de mainmorte.—Commune. — I. G. N° 65, art. 993. — L. du 20 février 1849.	1° Extrait du rôle certifié par le percepteur ; 2° Quittance à souche du percepteur ;
466. TAXE des biens de mainmorte.— Établissement charitable. —I. G. N° 65. art. 993. —L. du 20 février 1849	1° Extrait du rôle certifié par le percepteur ; 2° Quittance à souche du percepteur.

(1) Les mandats délivrés au profit du receveur général doivent contenir la mention relative aux retenues prescrites par l'article 344 de l'inscription générale.

DÉSIGNATION DES DÉPENSES.	JUSTIFICATIONS A PRODUIRE A L'APPUI DES MANDATS.
467. TIMBRES divers fournis par le receveur municipal. — I. G. art. 1017. — C. N. art. 1248.	Reçu du receveur municipal, indiquant le nombre de feuilles, le prix de chacune d'elles et la date de la fourniture, lequel reçu arrêté par le maire.
468. TIMBRES divers fournis par le receveur du bureau de bienfaisance ou de l'hospice. — I. G. art. 1017. — C. N. art. 1248.	Reçu du receveur indiquant le nombre de feuilles, le prix de chacune d'elles et la date de la fourniture, lequel reçu arrêté par le président de l'établissement.
469. TIMBRE des comptes et registres de comptabilité.	Récépissé comptable du receveur des finances visé par le préfet ou par le sous préfet et par le maire.
470. TIMBRE des quittances à souche pour l'encaissement des secours et subventions.	Reçu du comptable fournisseur visé par le maire.
471. TRAITEMENT du secrétaire de la mairie (1).	Néant.
472. Traitement du vicaire.	Néant.
473. TRAITEMENT de l'institutrice communale.	Idem.

(1) Les quittances pour traitement des employés ou agents attachés au service de la commune avec un traitement annuel doivent être timbrées si ce traitement excède 300 fr. Toutes autres quittances pour salaires doivent être timbrées s'il s'agit de sommes excédant 10 fr.; les états d'émargement doivent être timbrés à moins qu'ils ne comprennent aucun traitement excédant 300 fr.

DÉSIGNATION DES DÉPENSES.	JUSTIFICATIONS A PRODUIRE A L'APPUI DES MANDATS.
474. TRAITEMENT de l'instituteur communal.	Certificat (1) délivré par le maire constatant que l'instituteur est resté en fonctions pendant tout le temps pour lequel le traitement est mandaté. Le mandat doit porter le visa et le sceau de la préfecture.
475. TRAITEMENT du préposé de l'octroi. — I. G. N°s 50 et 115, art. 993 et 1011.	Néant.
476. TRANSPORT d'objets d'art.	1° Bulletin de messagerie T quittancé ; 2° Certificat d'arrivée à destination délivré par le maire.
477. TRAVAUX en régie d'exploitation d'une forêt soumise au régime forestier.	1° Expédition T du procès-verbal d'adjudication ; 2° Expédition T du cahier des charges ; 3° Procès-verbal T du dénombrement, Modèle N° 34.
478. TRAVAUX aux chemins vicinaux ordinaires. — *Dépenses n'excédant pas 300 fr.* —I. G. N° 60, art. 1020 à 1022.	Soumission T de l'entrepreneur acceptée par le maire et enregistrée ou mémoire T des réparations exécutées en régie dressé par l'agent-voyer surveillant des travaux et dûment arrêté par le maire, Modèle N° 8.

(1) Lorsqu'il y a lieu d'allouer à la commune une subvention pour l'entretien de l'école, ce certificat est retenu à la préfecture pour être remis au payeur du département afin de justifier le paiement à la commune de la subvention précitée.

Bien que ce certificat soit ainsi détaché du mandat communal ce dernier n'en est pas moins admis.

DÉSIGNATION DES DÉPENSES.	JUSTIFICATIONS A PRODUIRE A L'APPUI DES MANDATS.
479. TRAVAUX en régie à la tâche sur les chemins vicinaux. — C. P. 5 avril 1862.— *Dépenses excédant* 300 *fr.*	1° Décision du préfet ; 2° État T des tâches faites par les ouvriers salariés lequel sera émargé par eux ou par deux témoins, visé par l'agent voyer cantonal et arrêté par le maire.
480. TRAVAUX aux chemins vicinaux sur le rôle de prestations. —I. G. N° 64, art. 888 § 4 et 10, art. 890 et 892, 1018 à 1023. — Arrêtés du P. 25 août 1854 et 1er janvier 1856.	1° Extrait du rôle signé par le comptable, revêtu des émargements du surveillant des travaux constatant la libération des journées ou des tâches effectuées en nature par les prestataires et dûment certifié par le maire ; 2° Quittance à souche du comptable ; 3° Ordonnances de déchârge s'il en a été rendues ; 4° Et, s'il y a lieu, les quittances de remboursement aux prestataires des journées ou tâches qu'ils auraient indûment acquittées.
481. TRAVAUX exécutés avec le concours de l'Etat.	Certificat T de paiement délivré par l'ingénieur et visé par le préfet.
482. TRAVAUX exécutés à la tâche sur les chemins vicinaux.—C. P. 5 avril 1862. — *Dépense n'excédant pas* 300 *fr.*	Etat T des tâches faites par les ouvriers salariés lequel sera émargé par eux ou par deux témoins, visé par l'agent-voyer cantonal et arrêté par le maire. Modèle N° 8.

DÉSIGNATION DES DÉPENSES.	JUSTIFICATIONS A PRODUIRE A L'APPUI DES MANDATS.
483. TRAVAUX d'intérêt commun et payement de divers salaires.	Récépissé comptable du receveur des finances, visé par le préfet ou le sous-préfet et par le maire.
484. VERSEMENTS ou emploi des deniers pupillaires.—I.G. Nº 126, art. 1070 et 1110. — (Hors budget).	Pour les placements de fonds, la preuve des versements, et, dans le cas où, à la majorité de l'enfant, une somme lui aurait été remise, quittance de l'enfant et compte de tutelle.
485. VERSEMENT au receveur des finances des retenues pour le service des pensions civiles et en vertu d'opposition.—I. G. Nᵒˢ 77 et 125, art. 346, 360, 363, 364, 369, 371, 1007, 1106 et 1473.— (Hors budget).	Récépissé du receveur des finances visé par le sous-préfet.
486. VINGTIÈME du prix de vente de la coupe de pâturage. — I. G. Nº.69, art. 1030.	Copie de la décision déterminant le prix de la coupe.
487. VINGTIÈME du prix d'adjudication de coupe de bois.	1º Copie de la décision fixant la valeur de la coupe. 2º Procès-verbal d'adjudication (T).
488. VINGTIÈME du prix de vente de la coupe affouagère. — I. G. Nº 69, art. 1030.	Copie de la décision déterminant le prix de la coupe.

CHAPITRE III.

**Répertoire par ordre alphabétique des opérations de recette
et de dépense qui ne donnent pas lieu à remises.**

1re SECTION. — RECETTE.

1. Affouages — voir évaluation.

2. Attributions sur les patentes lorsque le receveur municipal est en même temps percepteur. — I. G. art. 1241.

3. Centimes ordinaires.

4. Centimes pour salaire du garde-champêtre.

5.   id   id   insuffisance de revenus.

6.   id   id   frais d'experts.

7.   id   id   l'instruction primaire.

8.   id   id   chemins vicinaux

9.   id   id   le percepteur.

10. id   extraordinaires. — I. G. art. 1241.

> Si le receveur est en même temps percepteur.

11. Débets d'anciens comptables.

12. Évaluation du produit des coupes affouagères annuellement délivrées aux habitants. — Ordonnance du 17 avril 1839. — M. 1847, p. 226 et 303.

13. Fonds destinés aux remises sur les droits d'entrée. –
C. 4 mars 1842. — M. 1847, p. 303.

14. Forcement en recette pour remises perçues en trop
par le receveur sortant. — M. 1847, p. 268.

15. Forcement en recette pour rejet de dépenses. — C. 25
juillet 1841. — I. G. art. 1241.

16. Forcement en recette prononcé contre les receveurs
lors de l'examen et du jugement de leurs comptes, sauf le cas
où il s'agit d'une somme non recouvrée et qui est mise à la
charge du comptable, car alors ce comptable a droit de prélever ses remises sur la somme versée de ses propres
deniers. — C. 25 juillet 1841. M. 1847, p. 267. — I. G. art.
1241.

17. Frais d'adjudication versés par l'acquéreur d'un immeuble communal ou par un adjudicataire de travaux
publics pour être payés par le receveur municipal. — M.
1847, p. 303.

18. Gestion provisoire d'un legs mobilier volontairement
délivré par l'héritier et dont le montant aurait dû être ultérieurement restitué par suite du défaut d'autorisation d'accepter la libéralité. — M. 1847, p. 259.

19. Indemnités payées par l'Etat pour le logement de
troupes si l'habitant ne fait point abandon à la commune de
l'indemnité à lui allouée. — C. 25 juillet 1841. — M. 1847,
p. 273.

20. Legs consistant en obligations de chemins de fer.
— M. 1859, p. 104. M. 1861, p. 271.

21. Montant des matériaux abandonnés à un entrepreneur
qui doit en tenir compte de la valeur à la commune et provenant de la démolition d'un bâtiment communal, pour être
employés à la reconstruction. — M. 1847, p. 280.

22. Montant du décime par franc versé dans la caisse municipale par l'adjudicataire d'un immeuble communal pour

recevoir les frais d'adjudication. — M. 1847, p. 268. — V. aussi frais d'adjudication.

23. Ordonnance de décharge pour prestation. — M. 1847, p. 303.

24. Patentes. — V. attributions.

25. Prix de vente de la partie des produits en nature non récoltés dans l'établissement et excédant ses besoins. — I. G. art. 1241. C. 12 fév. 1840.

26. Produits des emprunts. — I. G. art. 1241. M. 1847, p. 261.

27. Produit d'aliénation d'un droit de parcours. — M. 1861, p. 310.

28. Rachat de droits d'usage dans une forêt. — M. 1847, p. 311.

29. Recette des cautionnements de fermiers ou entrepreneurs (capital et intérêts). — M. 1847, p. 231. — C. 4 mars 1842.

30. Recette de toute nature faite hors budget. — M. 1847. p. 302 et 303.

31. Recette des produits récoltés dans les établissements. — C. 12 fév. 1840. M. 1847, page 288.

32. Recette de rente.

33.   id.   d'intérêts.

34.   id.   de loyers.

35.   id.   de subventions.

36.   id,   de dettes quelconques. — I. G. art. 1241.

} Servis à une commune ou à un établissement de bienfaisance par une commune ou par un établissement de bienfaisance de la même perception

37. Recette que fait le receveur municipal des indemnités allouées aux employés de l'octroi par l'administration des contributions indirectes. — M. 1847, p. 302.

38. Recette de contingents servis à une commune par d'autres communes de la même ou d'une autre perception, pour des travaux ou entreprises d'intérêt commun centralisés à la caisse d'une des communes intéressées. — I. G. art. 1241. C. 25 juillet 1841.

39. Recette de prêts. — I. G. art. 1241.

40. Recette d'emprunts. — V. Produits.

41. Recette du capital dû par l'Etat ou par les particuliers. — I. G. art. 1241.

42. Recette des contingents communaux ou des fonds votés dans les budgets départementaux reçus par les hospices pour le service des enfants assistés. — I. G. art. 1241.

43. Recette de fonds placés au Trésor. — I. G. art. 1241. M. 1847, p. 286.

44. Recettes occultes rattachées à la comptabilité municipale. — M. 1860, p. 110.

45. Recouvrement des secours accordés aux habitants des communes en cas d'incendie, grêle, inondation, etc. — M. 1847 p. 301. C. 4 mars 1842. I. G. art. 1241.

46. Recouvrement des taxes imposées, aux propriétaires d'établissements d'eaux minérales pour frais de visite des médecins inspecteurs. — M. 1847, p. 302.

47. Remboursement de capitaux de rentes sur particuliers. — I. G. art. 1241.

48. Remboursement de frais de poursuites. — M. 1847. p. 302 et 303.

49. Remboursement de frais d'inscription hypothécaire. — M. 1847, p. 303 n° 12.

50. Remises sur les droits d'entrée. — V. fonds.

51. Rente annuelle servie par une commune à un hospice

ou à un établissement charitable, laquelle rente devant former le prix d'un immeuble vendu à la commune. — M. 1847, p. 298. C. 25 juillet 1841.

52. Retenues pour retraites des employés de l'octroi, des instituteurs et des institutrices communaux et des autres employés communaux et hospitaliers. — M. 1847, p. 303.

53. Secours de route. — M. 1847, p. 303. C. 4 mars 1842.

54. Secours pour pertes accordé par l'Etat à des particuliers par un mandat au nom du receveur municipal. — M. 1847, p. 301. — V. Recouvrement.

55. Soulte d'achat de rentes sur l'Etat.

56. Soulte d'échange d'immeuble productif. — C. 20 avril et 17 juin 1843. — M. 1847, p. 260.

57. Souscriptions recueillies dans une commune par les soins du maire et du garde champêtre pour la construction d'un pont sur une route départementale, quand la construction de ce pont doit se faire sous la direction et sous la surveillance de l'autorité départementale. — M. 1847, p. 304.

58. Subventions départementales reçues par les hospices pour le service des enfants assistés. — M. 1847, p. 262. — C. 12 février 1840. I. G. art. 1241.

59. Subvention pour un travail commun. — Voir recette n° 38.

60 Subventions allouées aux bureaux de bienfaisance ou aux hospices sur les fonds municipaux, si les receveurs sont en même temps receveurs des communes. — I. G. art. 1241.

61. Subventions communales allouées à titre de secours pour les inondations. — M. 1857, p. 54.

62. Taxes. — Si, par suite des partages de biens communaux qui sont considérés comme aliénations, les habitants ont à payer pour la jouissance des lots un capital déterminé,

payable par terme, le recouvrement de ce capital n'est qu'une conversion de valeur qui ne donne pas lieu à remises. — M. 1847, p. 307. — C. 20 avril et 17 juin 1843.

63. Ventes d'immeubles productifs — sur capital seulement, — la recette des intérêts donne lieu à remises. — I. G. art. 1241. — C. 25 juillet 1841. M. 1847, p. 242. M. 1861, p. 228 et suivantes.

64. Vente de rentes sur l'Etat. — V. recette.

IIe SECTION. — **DÉPENSE**.

65. Achat de rente sur l'État. — C. 12 février 1840. I. G. art. 1241.

66. Acquisitions d'immeubles productifs. — (Le capital seul ne donne pas droit à des remises.) — C. 25 juillet 1841. I. G. art. 1241.

67. Avances de frais de poursuites.

68. Avances de frais d'inscriptions hypothécaires.

69. Contingent pour travaux d'intérêt commun. — V. paiement.

70. Contributions des biens des communes et établissements de bienfaisance, mises à la charge des fermiers et payées par ceux-ci. — M. 1861, p. 241.

71. Contributions des biens communaux.

72. id. id. des bureaux de bienfaisance.

73. id. id. des hospices. — C. 25 juillet 1841.

Si le receveur paye à lui-même comme percepteur.

74. Cotisations syndicales des biens de la commune.

75. id.   id. du bureau de bienfaisance.

76. id.   id. de l'hospice.
— C. 25 juillet 1841.

            Si le receveur paye à lui-même comme percepteur.

77. Dégrèvements accordés aux communes propriétaires d'immeubles imposés. — M. 1857, p. 53.

78. Dépenses que fait le receveur municipal des indemnités allouées aux employés de l'octroi par l'administration des contributions indirectes. — M. 1847, p. 302.

79. Dépenses extérieures des hospices pour le service des enfants assistés. — C. 20 avril 1843.

80. Dépenses en nature dans les hospices résultant de livraisons de denrées à l'économe. — C. 12 février 1840. M. 1841, p. 288.

81. Dépenses occultes rattachées à la comptabilité municipale. — M. 1860, p. 110.

82. Dépenses résultant de l'emploi des produits en nature récoltés par les établissements. — I. G. art. 1241.

83. Dépenses des indemnités allouées aux employés de l'octroi par l'administration des contributions indirectes. — Ord. 17 avril 1839, art. 7. M. 1847, p. 272.

84. Distributions des indemnités accordées par l'État pour logement de troupes. — M. 1847, p. 273.

85. Dixième des rentes sur l'État provenant d'aliénations d'immeubles par les établissements de bienfaisance et dont la capitalisation est prescrite. — M. 1861, p. 185.

86. Évaluation du produit des coupes affouagères annuellement délivrées aux habitants. — M. 1847, p. 303.

87. Fonds des octrois destinés aux remises sur les droits d'entrée. — M. 1847, p. 303. C. 4 mars 1842.

88. Frais d'adjudication versés par l'acquéreur d'un immeuble communal ou par un adjudicataire de travaux publics pour être payés par le receveur municipal. — M. 1847, p. 303.

89. Gestion provisoire d'un legs mobilier volontairement délivré par l'héritier, et dont le montant aurait dû être ultérieurement restitué par suite du défaut d'autorisation d'accepter la libéralité. — M. 1847, p. 304.

90. Montant des matériaux abandonnés à un entrepreneur qui doit en tenir compte de la valeur à la commune provenant de la démolition d'un bâtiment communal pour être employés à la reconstruction. — M. 1847, p. 280.

91. Ordonnance de décharge pour prestations. — M. 1847, p. 303.

92. Paiement de contingents servis par une commune à une autre commune pour des travaux ou entreprises d'intérêt commun. (Le receveur qui centralise, a seul droit à des remises sur le total des sommes centralisées). — I. G. art. 1241. C. 25 juillet 1841.

93. Paiement de rentes
94.   id.   d'intérêts,
95.   id.   de loyers,
96. id. de subventions,
97. id. de dettes quelconques

Servis par une commune ou par un établissement à une commune ou à un établissement de la même perception.

— I. G. art. 1241. C. 25 juillet 1841.

98. Paiement par les receveurs municipaux des subventions accordées aux établissements de bienfaisance, lorsque les receveurs des communes sont en même temps receveurs des établissements auxquels les subventions sont accordées. — C. 25 juillet 1841.

99. Paiement des secours accordés aux habitants des communes en cas d'incendie, grêle, inondation, etc. — M. 1847, p. 301.

100. Paiement du prix de rachat d'un droit d'usage grevant une forêt. — M. 1861, p. 182.

101. Placements au Trésor des fonds sans emploi. — I. G. art. 1241.

102. Placements en immeubles, tels qu'ils sont définis par la circulaire du 25 juillet 1841. — I. G. art. 1241. — M. 1847, p. 286.

103. Placements en rentes sur particuliers. — M. 1847, p. 286.

104. Prix d'acquisition d'un champ de foire communal, lorsque des redevances doivent être perçues sur ce champ de foire pour location de places. — M. 1860, p. 56.

105. Produit net de la rétribution scolaire. — D. 7 octobre 1850, art. 28.

106. Remboursement de cautionnement de fermiers, capital et intérêts. — M. 1847, p. 231.

107. Remboursement de cautionnement d'entrepreneurs, capital et intérêts. — M. 1847, p. 231.

108. Remboursement de tous autres capitaux et intérêts dont la dépense est faite hors budget. — M. 1847, p. 231.

109. Remboursement de capitaux placés sur particuliers. — I. G. art. 1241.

110. Remboursement des emprunts (sur le capital seulement). — I. G. art. 1241. M. 1847, p. 261.

111. Remboursement pour excédant de délivrance de bois venant des droits d'usage dans une forêt domaniale. — M. 1860, p. 223.

112. Remboursement de prêts (sur capital seulement). — I. G. art. 1241, § 3.

113. Remises du percepteur sur impositions communales. — C. 20 avril 1843.

114. Remises pour le service extérieur des enfants assistés, lesdites remises sur ces dépenses sont payées aux receveurs d'hospice par le département sur les fonds de cotisations municipales, au moyen de mandats du préfet. — C. 20 avril 1843. M. 1847, p. 262.

115. Remises sur les remises ci-dessus. — M. 1847, p. 257.

116. Remises sur remises du comptable remplacé. — M. 1847, p. 294.

117. Retenues pour retraite des employés de l'octroi, des instituteurs, institutrices et des autres employés communaux. — M. 1847, p. 303.

118. Secours accordés par l'État à des particuliers par mandat au nom du receveur municipal. — M. 1847, p. 301.

119. Secours de route. — M. 1847, p. 303.

120. Soulte d'échange d'immeuble productif. — C. 20 avril et 17 juin 1843. M. 1847, p. 260.

121. Souscriptions recueillies dans une commune par les soins du maire ou du garde champêtre, pour la construction d'un pont sur une route départementale, quand la construction de ce pont doit se faire sous la direction et la surveillance de l'autorité départementale. — M. 1847, p. 304.

122. Subventions à un établissement charitable. — V. paiement.

123. Subvention pour un travail commun. — V. paiement, n° 92.

CHAPITRE IV.

Extraits de Lois, Décrets, etc.

Décret du 29 décembre 1790 concernant les rentes
perpétuelles. — Extrait.

Article premier. — Les rentes perpétuelles actuellement à
la charge de l'Etat, tant celles constituées sur le clergé, sur
les pays d'Etats, pour le compte du Roi, qu'autres affectées
ci-devant sur les différentes caisses publiques, pourront au
gré des propriétaires, être admises à la reconstitution, aux
termes et sous les conditions prescrites par la déclaration du
23 février 1786.

Décret du 18 messidor an II (6 juillet 1794), sur l'acquit
testimonial pour les payements n'excédant pas 150
francs.—Extrait.

Art. 3. — Les parties prenantes qui reçoivent en vertu
d'un mandat, ordre ou facture et qui ne savent pas signer,
en feront leur déclaration au payeur, caissier ou trésorier, qui
sera obligée de la transcrire de suite, en leur présence, sur
la pièce justifiant la dépense, de la signer et faire signer par
deux témoins présents à ladite déclaration (Duvergier, *Col-*
lections des lois, volume 7, p. 214)

Loi du 7 frimaire an V (27 novembre 1796) constitutive
des bureaux de bienfaisance. — Extrait.

Art. 1er. — Il sera perçu un décime par franc en sus du
prix de chaque billet d'entrée, pendant six mois, dans tous

les spectacles où se donnent des pièces de *théâtre*, des *bals*, des feux d'artifice, des concerts, des courses et exercices de chevaux, pour lesquels les spectateurs payent.

La même perception aura lieu sur le prix des places louées pour un temps déterminé.

Art. 2. — Le produit de la recette sera employé à secourir les indigents qui ne sont pas dans les hospices.

Art. 5. — Les membres de ces bureaux (bureau de bienfaisance) n'auront aucune rétribution et ne toucheront personnellement aucun fonds; ils nommeront un receveur qui fera toutes les perceptions.

Art. 10. — Les secours à domicile seront donnés en nature, autant qu'il sera possible.

Loi du 13 *brumaire an VII (3 novembre 1798) sur le timbre. — Extrait.*

Art. 12. — Sont assujettis au droit de timbre, établi en raison de la dimension, les actes des autorités constituées administratives, qui sont assujettis à l'enregistrement, ou qui se délivrent aux citoyens, et toutes les expéditions et extraits des actes, arrêtés et délibérations desdites autorités qui sont délivrés aux citoyens; les pétitions et mémoires, même en forme de lettres, présentés à toute autorité constituée, aux administrateurs ou établissements publics; les registres des administrations centrales et municipales tenus pour objets qui leur sont particuliers et n'ayant point de rapport à l'administration générale et les répertoires de leurs secrétaires.

Art. 16. — Sont exceptés du droit et de la formalité du timbre, les minutes de tous les actes, arrêtés, décisions, et délibérations de l'administration publique en général et de tous les établissements publics, dans tous les cas où aucun de ces actes n'est sujet à l'enregistrement sur la minute, et les extraits, copies et expéditions qui s'expédient ou se délivrent par une administration ou un fonctionnaire public, lorsqu'il y est fait mention de cette destination.

Tous les comptes rendus par les comptables publics, les

doubles, autres que celui du comptable de chaque compte de recette ou gestion particulière et privée.

Les quittances de traitements et émoluments des fonctionnaires et employés salariés par le gouvernement.

Les quittances ou récépissés délivrés aux collecteurs et receveurs des deniers publics; celles des contributions qui s'expédient sur les actes et celles de toutes autres contributions qui se délivrent sur feuilles particulières et qui n'excèdent pas 10 francs.

Les quittances des secours payés aux indigents et des indemnités pour incendies, inondations, épizooties et autres cas fortuits.

Toutes les autres quittances, même celles entre particuliers, pour créances en sommes non excédant pas 10 francs, quand il ne s'agit pas d'un à compte ou d'une quittance finale sur une plus forte somme.

Les certificats d'indigence.

ART. 20. — Les papiers employés à des expéditions ne pourront contenir, compensation faite d'une feuille à l'autre plus de 25 lignes par page de moyen papier (aujourd'hui papier de 1 fr. 50 c. la feuille).

ART. 21. — L'empreinte du timbre ne pourra être couverte d'écriture ni altérée.

ART. 22. — Le papier timbré qui aura été employé à un acte quelconque ne pourra plus servir pour un autre acte, quand même le premier n'aurait pas été achevé.

ART. 23. — Il ne pourra être fait ni expédié deux actes à la suite l'un de l'autre sur la même feuille de papier timbré, nonobstant tout usage ou règlement contraire.

Sont exceptés les inventaires, procès-verbaux et autres actes qui ne peuvent être consommés dans un même jour et dans la même vacation.

Loi du 28 floréal an VII (17 mai 1799) relative aux transferts de la dette publique. — Extrait.

ART. 1er. — A compter de la publication de la présente, les

transferts des inscriptions de la dette publique seront faits à
la Trésorerie nationale de la manière ci-après :

Art. 3. — Le vendeur se présentera au bureau chargé de
recevoir les transferts, pour y faire sa déclaration, il y remettra
l'extrait d'inscription qu'il entend transférer, et dont la signature sera biffée en sa présence. Il lui sera expédié un bulletin
de cette remise.

La minute du transfert sera signée par le vendeur ou son
fondé de pouvoir spécial.

Loi du 14 floréal an X sur les contributions indirectes. —
Extrait.

Art. 11. — Le gouvernement autorisera, dans la même
forme, et pendant la même durée de dix années, l'établissement des ponts dont la construction sera entreprise par des
particuliers ; il déterminera la durée de leur jouissance, à
l'expiration de laquelle ces ponts seront réunis au domaine
public, lorsqu'ils ne seront pas une propriété communale. Il
fixera le tarif de la taxe à percevoir sur ces ponts.

Loi du 29 floréal an X (19 mai 1802) relative aux établis-
sements de bureaux de pesage, mesurage et jaugeage.
— Texte.

Art. 1er. — Il sera établi, dans les communes qui en seront
jugées susceptibles par le gouvernement, des bureaux de
pesage, mesurage et jaugeage publics. Nul ne sera contraint
de s'en servir, si ce n'est dans les cas de contestation.

Art. 2. — Les tarifs des droits à percevoir dans ces bureaux
et les réglements y relatifs, seront proposés par les conseils
des communes, adressés aux sous-préfets et aux préfets, qui
donneront leur avis, et soumis au gouvernement, qui les
approuvera, s'il y a lieu, en la forme usitée pour les règlements d'administration publique.

Art. 3. — Un dixième des produits nets de ces droits ser-
vira à compléter l'acquittement des frais de vérification des
poids et mesures et le traitement des agents préposés à cette
vérification.

Art. 4. — Le surplus des produits sera employé aux dépenses des communes et des hospices exclusivement, et ce, suivant les règles prescrites pour les octrois de bienfaisance.

Loi du 26 germinal an XI (16 avril 1803) sur le mode de payement des contributions assises sur les biens communaux. — Extrait.

Art. 3. — Lorsque tous les habitants n'auront pas un droit égal à la jouissance du bien communal, la répartition de la contribution assise sur ce bien sera faite par le maire de la commune, avec l'autorisation du préfet, au prorata de la part qui en appartiendra à chacun.

Art. 4. — Lorsqu'une partie seulement des habitants aura droit à la jouissance, la répartition de la contribution n'aura lieu qu'entre eux, et toujours proportionnellement à leur jouissance respective.

Décret du 23 prairial an XII (12 juin 1804) concernant les inhumations. — Extrait.

Art. 10. — Lorsque l'étendue des lieux consacrés aux inhumations le permettra, il pourra y être fait des concessions de terrain aux personnes qui désireront y posséder une place distincte et séparée pour y fonder leur sépulture et celle de leurs parents ou successeurs, et y construire des caveaux, monuments ou tombeaux.

Art. 11. — Les concessions ne seront néanmoins accordées qu'à ceux qui offriront de faire des fondations ou donations en faveur des pauvres etdes hôpitaux, indépendamment d'une somme qui sera donnée à la commune, et lorsque ces fondations ou donations auront été autorisées par le gouvernement dans les formes accoutumées, sur l'avis des conseils municipaux et la proposition des préfets.

Art. 12. — Il n'est point dérogé, par les deux articles précédents, aux droits qu'a chaque particulier, sans besoin d'autorisation, de faire placer sur la fosse de son parent ou de son ami une pierre sépulcrale ou autre signe indicatif de sépulture, ainsi qu'il est pratiqué jusqu'à présent.

Art. 13. — Les maires pourront également, sur l'avis des administrations des hopitaux, permettre que l'on construise dans l'enceinte de ces hôpitaux, des monuments pour les fondateurs et bienfaiteurs de ces établissements, lorsqu'ils en auront disposé le désir dans leurs actes de donation, de fondation ou de dernière volonté.

Décret du 11 thermidor an XII (30 juillet 1804) concernant les mains levées d'oppositions formées pour la conservation des droits des pauvres et hospices. — Texte. — Durieu, t. II, page 350

Art. 1er. — Les receveurs des établissements de charité ne pourront dans les cas où elle ne serait point ordonnée par les tribunaux, donner main levée des oppositions formées pour la conservation des droits des pauvres et des hospices, ni consentir aucune radiation, changement ou limitation d'inscriptions hypothécaires, qu'en vertu d'une décision spéciale du conseil de préfecture, prise sur une proposition formelle de l'administration et l'avis du comité consultatif établi près de chaque arrondissement communal, en exécution de l'arrêté du 7 messidor an IX.

Décret du 10 brumaire an XIV (1er novembre 1805) relatif aux travaux à la charge des communes. — Extrait.

Art. 20. — Les réparations qui n'excèderaient pas 1000 fr sont exceptées de la forme de l'adjudication publique ; elles seront exécutées sans autre formalité qu'une visite et un devis de l'architecte de la commune ou de l'arrondissement, après avoir été approuvées par le préfet et le sous-préfet; si elles ne dépassent pas 300 francs, elles peuvent être exécutées sur les crédits ouverts au budget sans aucune autorisation préalable. — Inst. min. 9 juin 1838.

Décret du 18 septembre 1806 sur le mode de remboursement des cautionnements des titulaires décédés ou interdits. — Extrait.

ART. 1er. — La caisse d'amortissement est autorisée à rembourser les cautionnements des titulaires décédés ou interdits, aux héritiers et ayant-droit, sur simple rapport :

1° Du certificat d'inscription ou des titres constatant le payement du cautionnement ;

2° Des certificats de quitus, d'affiche et de non-opposition, prescrits par les lois des 25 nivôse et 6 ventôse an XIII ;

3° Et d'un certificat ou d'un acte de notoriété, contenant les noms, prénoms et domiciles des héritiers et ayant-droit, la qualité en laquelle ils procèdent et possèdent, l'indication de leurs portions dans le cautionnement à rembourser et l'époque de leur jouissance.

Ce certificat devra être délivré par le notaire détenteur de la minute, lorsqu'il y aura eu inventaire ou partage par acte public, ou transmission gratuite à titre entre vifs ou par testament.

Il le sera par le juge de paix du domicile du décédé, sur l'attestation de deux témoins, lorsqu'il n'existera aucun desdits actes en forme authentique.

Si la propriété est constatée par jugement, le greffier dépositaire de la minute délivrera le certificat.

ART. 2. — Ces certificats devront être légalisés par le président du tribunal de première instance.

Décret du 17 mai 1809 relatif aux octrois municipaux et de bienfaisance. — Extrait.

ART. 13. — Le produit des amendes et confiscations prononcées pour cause de contravention aux réglements de l'octroi, soit par suite de transaction, déduction faite des frais et prélévements autorisés, sera partagé ainsi qu'il suit: une moitié appartiendra aux préposés de l'octroi, conformément au mode de partage qui sera déterminé ; et l'autre

moitié sera versée dans la caisse municipale, pour être appliquée soit aux préposés, soit aux pauvres recevant des secours
à domicile.

*Décret du 9 décembre 1809, concernant les droits à percevoir
en faveur des pauvres, des hospices, sur les spectacles,
bals, concerts, danses et fêtes. — Extrait.*

Art. 1er. Les droits qui ont été perçus jusqu'à ce jour
en faveur des pauvres ou des hospices, en sus de chaque
billet d'entrée et d'abonnement dans les spectacles et sur
la recette brute des bals, concerts, danses et fêtes publiques,
continueront à être indéfiniment perçus, ainsi qu'ils l'ont été
pendant le cours de cette année et des années antérieures,
sous la responsabilité des receveurs et contrôleurs de ces
établissements.

Art. 2. Les représentations gratuites ou à bénéfice seront,
au surplus, exemptes des droits mentionnés aux articles qui
précèdent, sur l'augmentation mise au prix ordinaire des
billets.

*Décret du 16 juillet 1810, concernant le mode de rembour-
sement des rentes et créances des communes et fabriques,
rendu sur l'avis du conseil d'Etat du 21 décembre
1808. — Extrait.*

Le conseil d'État est d'avis :

1° Que le remboursement des capitaux dus aux hospices,
communes et fabriques et autres établissements dont les
propriétés sont administrées et régies sous la surveillance du
gouvernement, peut toujours avoir lieu quand les débiteurs
se présentent pour se libérer; mais qu'ils doivent avertir les
administrateurs un mois d'avance, pour que ceux-ci avisent,
pendant ce temps, aux moyens de placement et requièrent
les autorisations nécessaires de l'autorité supérieure;

2° Que l'emploi des capitaux en rentes sur l'Etat n'a pas
besoin d'être autorisé, et l'est de droit par la règle déjà
établie;

3° Que l'emploi en biens-fonds ou de toute autre manière doit être autorisé par un décret rendu en conseil d'Etat, sur l'avis du ministre de l'intérieur pour les communes et hospices, et du même ministre ou de celui des cultes, pour les fabriques.

Avis du conseil d'Etat du 12 novembre 1811, approuvé le 24 mars 1812, concernant les débets dés comptables. — Extrait.

Les arrêtés des préfets fixant les *débets* des comptables des communes et des établissements publics, sont exécutoires sur les biens meubles et immeubles desdits comptables, sans l'intervention des tribunaux.

Loi de finances du 25 mars 1817, relative à des droits de pesage. — Extrait.

ART. 124. Le gouvernement continuera, pendant une année, d'être autorisé, conformément à la loi du 14 floréal an X, à établir des droits de péage dans le cas où ils seront reconnus nécessaires pour concourir à la construction ou à la restauration des ponts, écluses et ouvrages d'art à la charge de l'Etat, des départements et des communes ; il en fixera les tarifs et le mode de perception, et en déterminera la durée dans la forme usitée pour les réglements d'administration publique.

Ordonnance du 31 octobre 1821 sur l'administration des bureaux de bienfaisance.

ART. 16. Les bureaux de bienfaisance pourront ordonner, sans autorisation préalable, les réparations et autres travaux dont la dépense n'excédera pas 2,000 fr.

C. M. Int. du 24 septembre 1825, concernant le rachat des petites rentes sur particuliers, et le placement en rentes sur l'Etat des capitaux remboursés aux établissements de bienfaisance. — Résumé.

Par cette circulaire, les commissions administratives des hospices et des bureaux de bienfaisance peuvent accepter, avec réduction d'un cinquième, les demandes de rachat de rentes sur particuliers, payables en argent ou en nature. Les délibérations prises à ce sujet sont soumises à l'approbation du préfet, seule formalité exigée pour consacrer le titre de rachat avec réduction d'un cinquième. Il ne faut pas perdre de vue que le rachat est entièrement facultatif de la part des débiteurs des rentes, et que les établissements qui en sont créanciers ne peuvent pas plus les y contraindre, qu'ils ne pourraient s'y refuser, dans le cas où il serait offert aux conditions légales. Les commissions administratives ne peuvent qu'engager les débiteurs à faire la demande de rachat, ainsi que la faculté leur en est laissée par l'art. 530 du Code Napoléon.

Le capital remboursé est placé en rentes sur l'Etat.

Loi du 22 mars 1831 sur la garde nationale. — Extrait.

ART. 69. — Lorsque le gouvernement jugera nécessaire de délivrer des armes de guerre aux gardes nationales, le nombre d'armes reçues sera constaté dans chaque municipalité au moyen d'états émargés par les gardes nationaux à l'instant où les armes leur seront délivrées.

L'entretien de l'armement est à la charge du garde national et les réparations, en cas d'accident causé par le service, sont à la charge de la commune.

Les gardes nationaux et les communes sont responsables des armes qui leur auront été délivrées ; ces armes restent la propriété de l'Etat.

Ordonnance du 28 juin 1833 relative au recouvrement des rentes dues aux hospices et autres établissements de bienfaisance par des particuliers domiciliés hors de l'arrondissement où sont situés ces établissements. — Texte. — Bul. de 1833, n° 4885, page 6.

ART. 1ᵉʳ. — Le recouvrement des rentes en argent dues aux hospices et autres établissements de bienfaissance par des particuliers domiciliés hors de l'arrondissement où sont situés ces établissements , sera confié aux percepteurs des contributions directes des communes des débiteurs.

Les mêmes comptables pourront également, dans les mêmes circonstances, être chargés du recouvrement de toute autre créance appartenant à des établissements de bienfaisance.

ART. 2. — Pour l'exécution de l'article qui précède, les receveurs des établissements créanciers devront envoyer les titres constitutifs des rentes et créances aux receveurs généraux des départements dans le ressort desquels le recouvrement doit avoir lieu, afin que ces comptables puissent, en les transmettant aux percepteurs placés sous leurs ordres, donner les instructions nécessaires, et exercer la surveillance qui leur est prescrite par l'ordonnance royale du 19 novembre 1826.

ART. 3. — Les percepteurs seront responsables des non-valeurs qui résulteraient de leur négligence ; ils répondront également des prescriptions encourues par suite du défaut de renouvellement des titres et des inscriptions hypothécaires.

Toutefois, ils n'encourront de responsabilité qu'autant que les receveurs des hospices intéressés les auront requis, par l'intermédiaire du receveur général des finances, de faire les actes conservatoires pour empêcher la péremption des titres dont ils sont détenteurs six mois au moins avant l'expiration des délais.

ART. 4. — Il sera alloué aux percepteurs, pour les recouvrements, des remises proportionnelles qui seront réglées par les préfets sur la proposition des commissions administratives et sur l'avis des receveurs des finances, d'après le taux qui sera arrêté entre nos ministres secrétaires d'Etat aux départements des finances et du commerce et des travaux publics. Les percepteurs seront autorisés à retenir ces remises sur le montant des recouvrements faits pour le compte des établissements de bienfaisance.

ART. 5. — Les poursuites à exercer contre les débiteurs le seront à la requête de l'administration intéressée et à la diligence du percepteur, qui devra se conformer aux règles de procédure déterminées par la nature du titre à exécuter.

S'il y a lieu à l'expropriation du débiteur, ou s'il s'élève des difficultés qui donnent ouverture à des actions judiciaires, le percepteur, après avoir fait les actes conservatoires, préviendra l'administration intéressée, laquelle avisera à la suite qu'il conviendra de donner à l'affaire d'après les lois et réglements.

ART. 6. — Indépendamment des recouvrements ci-dessus indiqués, les percepteurs seront chargés du payement des mois de nourrice et pension des enfants trouvés, dans les communes autres que celles où est situé l'hospice dépositaire, conformément au mode qui sera déterminé par nos ministres secrétaires d'Etat aux départements des finances et du commerce et des travaux publics.

ART. 7. — La corespondance entre les percepteurs et les commissions administratives et leurs receveurs aura lieu par l'intermédiaire des receveurs des finances.

Circulaire ministérielle du 26 juillet 1833. — Résumé.

Il est décidé par cette circulaire que l'abandon de biens ou de capitaux ou autres objets mobiliers pour l'admission dans les hospices des pensionnaires, doit faire le sujet de contrats synallagmatiques, parce qu'ils imposent aux deux parties contractantes, des obligations respectives et qu'ils sont faits autant dans l'intérêt du donateur que dans celui de l'hospice où celui-là désire être reçu. La forme de ces contrats est tracée par les contrats de rentes viagères et définie par les articles 1968 et suivants du Code Napoléon.

L'autorisation préalable exigée impérieusement pour les donations entre vifs par l'article 937 Code Napoléon, n'étant point nécessaire pour ces sortes de contrats, que le préfet peut sanctionner en tout état de choses, l'avantage que trouveront les hospices à en adopter les formes pour l'admission des malheureux qui sont disposés à faire abandon de quelques faibles ressources, pour s'assurer un asile jusqu'à la fin de leurs jours ne peut être mis en doute.

Ces contrats devront être passés devant notaire, lorsque l'abandon sera de biens immeubles ou de créances non recouvrables de suite; et, à cet effet, les commissions administratives ne devront pas négliger les formalités, soit de purge, soit de signification aux débiteurs.

Quant aux offres de capitaux immédiatement réalisables, ou de rentes sur l'Etat, ou de tout autre objet mobilier dont le transfert ou le recouvrement pourrait être aussi immédiatement opéré, il ne sera pas nécessaire de recourir à un acte public, il suffira que ces offres soient consignées, avec les conditions de l'admission, dans les délibérations que les commissions administratives prendront à cet effet.

Les délibérations de ce genre sont soumises, dans le plus bref délai possible, à la sanction de l'autorité supérieure.

Loi du **21** *mai* **1836** *sur les chemins vicinaux* — ***Extrait.***

Art. 14. — Toutes les fois qu'un chemin vicinal, entretenu à l'état de viabilité par une commune, sera habituellement ou temporairement dégradé par des exploitations de mines, de carrières, de forêts ou de toute autre entreprise industrielle appartenant à des particuliers, à des établissements publics, à la couronne ou à l'Etat, il pourra y avoir lieu à imposer aux entrepreneurs ou propriétaires, suivant que l'exploitation ou les transports auront lieu pour les uns ou les autres, des subventions spéciales dont la quotité sera proportionnée à la dégradation extraordinaire qui devra être attribuée aux exploitations.

Ces subventions pourront, au choix des subventionnaires, être acquittées en argent ou en prestations en nature et seront exclusivement affectées à ceux des chemins qui y auront donné lieu.

Elles seront réglées annuellement, sur la demande des communes, par les conseils de préfecture, après des expertises contradictoires, et recouvrées comme en matière de contributions directes.

Les experts seront nommés suivant le mode déterminé par l'article 17 ci-après. Ces subventions pourront aussi être déterminées par abonnement ; elles seront réglées, dans ce cas, par le préfet en conseil de préfecture.

Art. 17. — Les extractions de matériaux, les dépôts ou enlèvements de terre, les occupations temporaires de terrains, seront autorisées par arrêté du préfet, lequel désignera les lieux ; cet arrêté sera notifié aux parties intéressées au moins dix jours avant que son exécution puisse être commencée. Si l'indemnité ne peut être fixée à l'amiable, elle sera réglée par le conseil de préfecture, sur le rapport d'experts nommés, l'un par le sous-préfet, et l'autre par le propriétaire.

En cas de discord, le tiers-expert sera nommé par le conseil de préfecture.

Loi du 18 juillet 1837 sur l'administration municipale. — Extrait.

Art. 31. — Les recettes ordinaires des communes se composent :

1° Des revenus de tous les biens dont les habitants n'ont pas la jouissance en nature ;

2° Des cotisations imposées annuellement sur les ayant-droit aux fruits qui se perçoivent en nature ;

3° Du produit des centimes ordinaires affectés aux communes par les lois des finances ;

4° Du produit de la portion accordée aux communes dans l'impôt des patentes ;

5° Du produit des octrois municipaux ;

6° Du produit des droits de place perçus dans les halles, foires, marchés, abattoirs, d'après les tarifs dûment autorisés ;

7° Du produit des permis de stationnement et des locations sur la voie publique, sur les ports et rivières, et autres lieux publics ;

8° Du produit des péages communaux, des droits de pesage, mesurage et jaugeage, des droits de voirie et autres droits légalement établis ;

9° Du prix des concessions dans les cimetières ;

10° Du produit des concessions d'eau, de l'enlèvement des boues et immondices de la voie publique et autres concessions autorisées pour les services communaux ;

11° Du produit des expéditions des actes administratifs et des actes de l'état civil ;

12° De la portion que les lois accordent aux communes dans le produit des amendes prononcées par les tribunaux de simple police, par ceux de police correctionnelle et par les conseils de discipline de la garde nationale ;

Et généralement du produit de toutes les taxes de ville et de police dont la perception est autorisée par la loi.

Art. 32. — Les recettes extraordinaires se composent :

1° Des contributions extraordinaires dûment autorisées ;

2° Du prix des biens aliénés ;

3° Des dons et legs ;

4° Du remboursement des capitaux exigibles et des rentes rachetées ;

5° Du produit des coupes extraordinaires de bois ;

6° Du produit des emprunts ;

Et de toutes autres recettes accidentelles.

Art. 48. — Le maire peut toujours, à titre conservatoire, accepter les dons et legs, en vertu de la délibération du conseil municipal ; l'ordonnance du roi ou l'arrêté du préfet qui intervient ensuite a effet du jour de cette acceptation.

Art. 61. — Le maire peut seul délivrer des mandats. S'il refusait d'ordonnancer une dépense régulièrement autorisée et liquide, il serait prononcé par le préfet en conseil de préfecture.

L'arrêté du préfet tiendrait lieu du mandat du maire.

ART. 62.—Les recettes et dépenses communales s'effectuent par un comptable chargé seul, et sous sa responsabilité, de poursuivre la rentrée de tous revenus de la commune et de toutes sommes qui lui seraient dues, ainsi que d'acquitter les dépenses ordonnancées par le maire, jusqu'à concurrence des crédits régulièrement accordés. Tous les rôles de taxe, de sous-répartitions et de prestations locales devront être remis à ce comptable.

ART. 63. — Toutes les recettes municipales pour lesquelles les lois et réglements n'ont pas prescrit un mode spécial de recouvrement s'effectuent, sur des états dressés par le maire. Ces états sont exécutoires après qu'ils ont été visés par le sous-préfet.

Les oppositions, lorsque la matière est de la compétence des tribunaux ordinaires, sont jugées comme affaires sommaires, et la commune peut y défendre sans autorisation du conseil de préfecture.

ART. 64. — Toute personne autre que le receveur municipal, qui, sans autorisation légale, se serait ingérée dans le maniement des deniers de la commune, sera, par ce seul fait, constituée comptable; elle pourra en outre être poursuivie en vertu de l'art. 258 du Code pénal, comme s'étant immiscée sans titre dans des fonctions publiques.

ART. 68. — Les comptables qui n'auront pas présenté leurs comptes dans les délais prescrits par les réglements pourront être condamnés, par l'autorité chargée de les juger, à une amende de 10 à 100 fr. par chaque mois de retard, pour les receveurs et trésoriers justiciables des conseils de préfecture; et de 50 fr. à 500 fr., également par mois de retard, pour ceux qui sont justiciables de la cour des comptes. Ces amendes seront attribuées aux communes ou établissements que concernent les comptes en retard.

Elles seront assimilées aux débets des comptables, et le recouvrement pourra en être suivi par corps, conformément aux articles 8 et 9 de la loi du 17 avril 1832.

Loi du 3 mai 1841, sur l'expropriation pour cause d'utilité publique. — Bulletin n° 808, page 601 ; 1er semestre. — Extrait.

Art. 19. Cependant, l'administration peut, sauf les droits des tiers, et sans accomplir les formalités ci-dessus tracées, payer le prix des acquisitions dont la valeur ne s'élèverait pas au-dessus de 500 fr.

Art. 58. Les plans, procès-verbaux, certificats, significations, jugements, contrats, quittances et autres actes faits en vertu de la présente loi, seront visés pour timbre et enregistrés gratis, lorsqu'il y aura lieu à la formalité de l'enregistrement.

Il ne sera perçu aucun droit pour la transcription des actes au bureau des hypothèques.

Loi de finances du 25 juin 1841. — Pavages, Trottoirs.—Extrait.

Dans les villes où, conformément aux usages locaux, le pavage de tout ou partie des rues est à la charge des propriétaires riverains, l'obligation qui en résulte pour les frais de premier établissement ou d'entretien pourra, en vertu d'une délibération du conseil municipal et sur un tarif approuvé par ordonnance royale, être convertie en une taxe payable en numéraire, et recouvrable comme les cotisations municipales.

Circulaire du 25 juillet 1841, du ministre de l'intérieur, relative aux remises des receveurs des communes et des établissements de bienfaisance. — Résumé.

Ventes d'immeubles.

1. La recette et la dépense de fonds provenant de ventes d'immeubles productifs de revenus constituant une conversion de valeurs, ne sont passibles d'aucune remise.

Vente de terrains incultes.

2. La vente d'un terrain inculte, quoique ne produisant aucun revenu, ne donne pas droit au receveur de toucher des remises, à cause de l'application du principe qui admet

que toutes les fois qu'un immeuble sort de la classe des valeurs actives de la commune, est une conversion de valeur.

3. L'emploi en dépense du produit de l'aliénation ne doit donner lieu à remises qu'autant que ce produit est appliqué aux besoins ordinaires ou sert à l'acquisition ou à la construction d'un immeuble destiné aux services de la commune ou de l'établissement. *(Emploi du produit d'aliénation.)*

4. Le remploi du capital de l'aliénation, soit en un placement à intérêts, soit en achat d'un immeuble sans destination au service, ne donne droit à aucune remise. *(Remploi du capital d'aliénation.)*

5. La vente d'un presbytère ou d'une maison d'école, à charge de remploi du prix en achat d'un autre presbytère, d'une maison d'école ou d'une mairie, donne droit, en faveur du comptable, à des remises tant sur la recette que sur la dépense. *(Vente d'une maison d'école dont le prix est affecté à l'acquisition d'une autre maison d'école.)*

6. Le recouvrement du capital échu par donation entre vifs ou par testament donne lieu à remises pour le comptable qui l'effectue sous sa responsabilité. *(Recouvrement du capital échu par donation.)*

7. L'emploi de ce capital donne lieu ou non à remises, suivant qu'il s'applique au service de l'établissement ou qu'il est converti en une autre valeur productive de revenu. *(L'emploi donne lieu ou non à remise.)*

8. L'acceptation d'un immeuble donné ou légué à la commune ou à l'établissement charitable, n'est sujet à aucune remise, parce que, dans l'espèce, il n'entre aucune somme dans la caisse. *(Acceptation d'un immeuble provenant d'un legs ou donation.)*

9. La vente plus ou moins rapprochée de cet immeuble ne donnerait pas non plus lieu à remises. *(Vente de cet immeuble.)*

10. La subvention municipale versée par le receveur de la commune, chargé en même temps de la recette de l'hospice ou du bureau de bienfaisance, dans la caisse de ces derniers établissements, ne donne lieu ni à des remises sur la dépense, en ce qui concerne la commune, ni à remises sur la recette, en ce qui concerne l'hospice ou le bureau de bienfaisance. *(Subvention municipale à un hospice.)*

11. Le principe de cette règle résulte de ce qu'on n'a pas voulu que le receveur qui gère à la fois les finances des deux établisssements touche deux fois des remises sur la même somme, laquelle ne sort pas matériellement de sa caisse. *(Principe. — Le receveur ne peut toucher deux fois des remises sur la même somme.)*

et dont le mouvement n'occasionne qu'un article d'écritures.

Contribution des biens, etc.

12. La règle mentionnée aux N°ˢ 10 et 11 ci-dessus doit s'appliquer à la dépense des contributions des biens communaux, quand le receveur est en même temps percepteur.

Produits en nature.

13. Il n'est alloué de remises aux receveurs, sur les produits en nature, que pour les revenus de cette espèce qui proviennent des fermages ou de rentes constituées.

Emploi des produits par les économes.

14. Ils n'ont pas d'ailleurs de remises sur l'emploi de ces produits, parce que cet emploi est fait par les économes et non pas par eux.

Receveur-économe.

15. La circonstance résultant de ce que le receveur remplit les fonctions d'économe ne change pas cette règle, parce que le receveur, quand il est économe, est rétribué pour ces dernières fonctions par une indemnité fixe réglée par le préfet, sur la proposition de la commission administrative.

Rentes et fermages.

16. Le receveur qui a touché des remises sur les rentes et fermages en nature, n'en touche pas sur les sommes provenant de la vente de ces produits, s'ils sont vendus comme excédant les besoins de l'établissement.

Ventes de denrées récoltées.

17. Cette disposition n'est pas appliquée au cas où il s'agit de la vente de denrées récoltées dans les jardins ou propriétés exploités par l'administration, car le receveur n'a pas touché de remises sur ces produits.

Subventions allouées aux communes.

18. Le receveur a droit à des remises pour la recette comme pour l'emploi des subventions accordées à la commune et encaissées par elle pour l'instruction primaire, ou pour le culte, ou pour les chemins vicinaux.

Receveurs centralisateurs de contingents divers.

19. Le receveur qui centralise les contingents de plusieurs communes pour un travail commun, jouit seul des remises sur la dépense des sommes centralisées. Les autres receveurs n'ont que la remise qu'ils ont chacun touchée sur la recette.

Tarif appliqué pour sa propre gestion.

20. La remise revenant au receveur chargé des payements se détermine d'après le tarif réglé pour sa propre gestion ; chaque commune lui tient compte de la portion qu'elle doit supporter au prorata de son contingent, sur un état arrêté

par le préfet. La somme afférente à chaque commune sera versée par elle au fonds des cotisations municipales, et mise par mandat du préfet à la disposition du receveur à qui elle est due.

21. L'art. 7 de l'ordonnance du 17 avril 1839 refuse des remises pour la recette des indemnités accordées pour le logement des troupes chez l'habitant. Mais quand ces habitants (ce qui arrive assez fréquemment) adandonnent ces indemnités à la ville, alors elles deviennent réellement un produit municipal, et leur recouvrement doit donner lieu à remises, suivant la règle ordinaire. *(Indemnité pour logement de militaires.)*

22. L'art. 1241, § 4, de l'instruction générale du 20 juin 1859, range au nombre des recettes non passibles de remises, les forcements de recettes prononcés contre les comptables, lors du jugement de leurs comptes. Mais il y a une distinction à faire dans l'application de ce principe. Si le forcement en recette provient d'un rejet de dépense, il n'est pas dû de remises; mais s'il s'agit d'une somme non recouvrée et qui est mise à la charge du comptable, il a droit de prélever ses remises sur la somme versée de ses propres deniers. *(Forcement en recette.)*

23. En cas de mutation de receveurs, il n'est jamais dû de remises au receveur entrant sur le forcement de recettes, quelle qu'en soit l'origine, prononcé contre son prédécesseur. *(Mutation de receveurs.)*

24. Les comptables peuvent faire figurer dans leurs décomptes de remises, parmi les dépenses passibles de remises, les sommes qu'ils se payent à eux-mêmes, pour leurs remises, pendant le trimestre précédent. Cette manière de procéder n'a rien de contraire aux règles établies; la dépense des remises payées aux receveurs est une dépense comme une autre, et les receveurs, en se payant à eux-mêmes, procèdent en passant écritures comme ils le font pour les traitements des autres employés. *(Remises passibles de remises.)*

25. Les instructions en vigueur imposent aux receveurs le devoir de dresser, pour la liquidation de leurs remises, des décomptes trimestriels, par exercice, ou, s'ils le préfèrent, un seul décompte annuel pour chaque exercice. *(Décompte trimestriel de remises.)*

Ordonnance du 10 avril 1842 qui, dans certains cas, dispense les communes de purger les hypothèques pour les acquisitions par elles faites. — Extrait. — Cette ordonnance transcrite à la suite de la décision du ministre de l'intérieur, du 30 avril 1842, n'a pas été insérée au bulletin des lois.

Art. 1er. Les maires des communes, autorisés à cet effet par délibérations des conseils municipaux, approuvées par les préfets, pourront se dispenser de remplir les formalités de purge des hypothèques, lorsqu'il s'agira d'acquisitions d'immeubles faites de gré à gré et dont le prix n'excèdera pas 100 fr.

Art. 2. — A l'égard des acquisitions faites en vertu de la loi du 3 mai 1841, sur l'expropriation pour cause d'utilité publique, les maires seront tenus de se pourvoir également de l'autorisation des conseils municipaux et de l'approbation des préfets, avant d'exercer la faculté donnée par l'art. 19 de la susdite loi, de ne point purger les hypothèques pour les acquisitions dont la valeur ne s'élèverait pas au-dessus de 500 fr.

Art. 3. — En conséquence, les receveurs municipaux pourront acquitter les mandats délivrés par les maires, pour le paiement des acquisitions mentionnées dans les deux articles précédents, pourvu que ces mandats indiquent la délibération du conseil municipal approuvée par le préfet, qui autorise le maire à ne pas procéder à la purge des hypothèques.

Loi du 3 mai 1844 sur la police de la chasse. — Extrait.

Art. 19. — La gratification mentionnée en l'art. 10 sera prélevée sur le produit des amendes.

Le surplus desdites amendes sera attribué aux communes sur le territoire desquelles les infractions auront été commises.

*Loi du 7 juin 1845 concernant la répartition des frais
de construction des trottoirs. — Extrait.*

La portion de la dépense à la charge des propriétaires sera
recouvrée dans la forme déterminée par l'art. 28 de la loi de
finances du 25 juin 1841.

*Ordonnance du 6 juillet 1846 relative aux établissements
de charité et de bienfaisance. — Extrait.*

Art. 2. — Les délibérations des administrations des établissements de charité et de bienfaisance, ayant pour objet
des acquisitions, des ventes ou échanges d'immeubles, le
partage de biens indivis, sont exécutoires sur arrêtés des
préfets, en conseil de préfecture, quand il s'agit d'une valeur
n'excédant pas 3,000 fr. pour les établissements dont le revenu
est au-dessous de 100,000 fr., et 20,000 fr. pour les autres
établissements.

S'il s'agit d'une valeur supérieure, il est statué par ordonnance du roi.

La vente des biens mobiliers et immobiliers desdits établissements, autres que ceux qui servent à un usage public,
pourra, sur la demande de tout créancier porteur de titres
exécutoires, être autorisée par une ordonnance du roi qui
déterminera les formes de la vente.

Art. 3. — Les délibérations des administrations des établissements de charité et de bienfaisance, ayant pour objet des
baux dont la durée devra excéder 18 ans ne sont exécutoires
qu'en vertu d'une ordonnance royale.

Quelle que soit la durée du bail, l'acte passé par l'administration de l'établissement n'est exécutoire qu'après l'approbation du préfet.

Art. 4. — Les délibérations des administrations des établissements de charité et de bienfaisance, ayant pour objet
l'acceptation de dons et legs d'objets mobiliers ou de sommes
d'argent faites à ces établissements, sont exécutoires en vertu

d'un arrêté du préfet, lorsque leur valeur n'excède pas 3,000 fr., et en vertu d'une ordonnance du roi, lorsque leur valeur est supérieure, ou qu'il y a réclamation des prétendant droits à la succession. Les délibérations qui porteraient refus de dons et legs et toutes celles qui concerneraient des dons et legs d'objets immobiliers ne sont exécutoires qu'en vertu d'une ordonnance du roi.

Arrêt du Conseil d'Etat du 3 janvier 1848, sur la responsabilité des receveurs des finances. — Substance.

Les receveurs d'arrondissement ne doivent être déchargés de la responsabilité de la gestion des percepteurs-receveurs municipaux que dans le cas où le fait qui donne lieu à ladite responsabilité provient de force majeure ou de circonstances indépendantes de leur surveillance.

Loi des 16 janvier, 9 et 20 février 1849 relatives à l'application de l'impôt des mutations aux biens de main-morte. Texte. — Bul. des Lois, 1849, N° 129, page 161, 1er semestre.

Art. 1er. — Il sera établi, à partir du 1er janvier 1849, sur les biens immeubles passibles de la contribution foncière, appartenant aux départements, communes, hospices, séminaires, fabriques, congrégations religieuses, consistoires, établissements de charité, bureaux de bienfaisance, sociétés anonymes et tous établissements publics légalement autorisés, une taxe annuelle représentative des droits de transmission entre vifs et par décès. Cette taxe sera calculée à raison de soixante-deux centimes et demi par franc du principal de la contribution foncière.

Art. 2. — Les formes prescrites pour l'assiette et le recouvrement de la contribution foncière, seront suivies pour l'établissement et la perception de la nouvelle taxe.

Art. 3. — La taxe annuelle établie par la présente loi sera à la charge du propriétaire seul, pendant la durée des baux actuels, nonobstant toutes stipulations contraires.

Loi du 15 mai 1850 portant fixation du budget des recettes de l'exercice 1850. — Extrait.

Art. 8. — Le moindre droit fixe d'enregistrement pour les actes civils et administratifs est porté à deux francs, à l'exception du droit sur les certificats de vie et de résidence, qui est maintenu au taux actuel.

Loi du 13 juin 1851 sur la garde nationale. — Extrait.

Art. 72. — Les conseils de discipline peuvent infliger une amende de 1 fr. à 15 fr. au profit de la commune du contrevenant.

Loi du 7 août 1851 sur les hospices et hôpitaux. — Extrait.

Art. 8. — La commission des hospices et hôpitaux règle par ses délibérations les objets suivants :

Les conditions des baux et fermes des biens et revenus des établissements hospitaliers, lorsque leur durée n'excède pas dix-huit ans pour les biens ruraux et neuf ans pour les autres ;

Le mode et les conditions des marchés pour fournitures et entretien, dont la durée n'excède pas une année ; les travaux de toute nature dont la dépense ne dépasse pas 3,000 fr.

Toute délibération sur l'un de ces objets est exécutoire, si, trente jours après la notification officielle, le préfet ne l'a pas annulée, soit d'office pour violation de la loi ou d'un réglement d'administration publique, soit sur la réclamation de toute partie intéressée.

La commission arrête également, mais avec l'approbation du préfet, les réglements du service tant intérieur qu'extérieur et de santé, et les contrats à passer pour le service avec les congrégations hospitalières.

Art. 9. La commission délibère sur les objets suivants :

Les budgets, comptes et en général toutes les recettes et dépenses des établissements hospitaliers ;

Les acquisitions, échanges, aliénations de propriétés de ces établissements, leur affectation au service, et en général, tout ce qui intéresse leur conservation et leur amélioration ;

Les projets de travaux pour constructions, grosses réparations et démolitions dont la valeur excède 3,000 francs;

Les conditions ou cahier des charges des adjudications de travaux et marchés pour fournitures ou entretien dont la durée excède une année ;

Les actions judiciaires et transactions ;

Les placements de fonds et emprunts ;

Les acceptations de dons et legs.

Art. 10. — Les délibérations comprises dans l'article précédent sont soumises à l'avis du conseil municipal, et suivent quant aux autorisations, les mêmes règles que les délibérations de ce conseil.

Néanmoins, l'aliénation des biens immeubles formant la dotation des hospices et hôpitaux ne peut avoir lieu que sur l'avis conforme du conseil municipal.

Art. 11. — Le président de la commission des hospices et hôpitaux peut toujours, à titre conservatoire, accepter, en vertu de la délibération de la commission, les dons et legs faits aux établissements charitables.

L'arrêté du préfet qui interviendra aura effet du jour de cette acceptation.

Art. 12. — La comptabilité est soumise aux règles de la comptabilité des communes.

Art. 14, 2e *alinéa*. — Les receveurs sont nommés par le ministre de l'intérieur, sur la proposition des commissions des hospices et hôpitaux, et de l'avis des préfets.

Lorsque le revenu des établissements hospitaliers n'excède pas 30,000 francs, les fonctions de receveur sont toujours exercées par le receveur de la commune.

Art. 15. — La commission, d'accord avec le conseil municipal, et sous l'approbation du préfet, pourra traiter de gré à gré ou par voie d'abonnement, de la fourniture des aliments et objets de consommation nécessaires aux établissements hospitaliers.

Les traités devront être soumis à l'approbation du préfet.

Art. 16. — Lorsque la commune ne possèdera pas d'hospices ou d'hôpitaux, ou qu'ils seront insuffisants, le conseil mnnicipal pourra traiter avec un établissement privé, pour l'entretien des malades et des vieillards, après avoir consulté la commission des hospices et hôpitaux, qui sera chargée de veiller à l'exécution du contrat passé avec l'établissement privé.

Loi sur la garde nationale, du 11 janvier 1852. — Extrait.

Art. 12. — Les communes sont responsables, sauf leur recours contre les gardes nationaux, des armes que le gouvernement a jugé nécessaire de leur délivrer; ces armes restent la propriété de l'Etat.

L'entretien de l'armement est à la charge du garde national; les réparations, en cas d'accident causé par le service, sont à la charge de la commune.

Les gardes nationaux détenteurs d'armes appartenant à l'État, qui ne présentent pas ou ne font pas présenter ces armes aux inspections générales annuelles prescrites par les réglements, peuvent être condamnés à une amende de 1 fr. au moins et de 5 fr. au plus, au profit de la commune.

Cette amende est prononcée et recouvrée comme en matière de police municipale.

Décret du 12 février 1852, portant que les communes autres que les chefs-lieux de canton recevront, à l'avenir, en échange du bulletin des lois, une feuille contenant les lois, les décrets et les instructions du Gouvernement - Extrait.
— Bulletin des lois de 1852, 1er semestre, page 377.

Art. 1er. — A partir de la publication du présent décret, les communes autres que les chefs-lieux de canton, cesseront de recevoir le bulletin des lois.

Art. 2. — Elles recevront en échange une feuille rédigée par les soins et sous la surveillance du ministre de l'intérieur, et contenant les lois, les décrets et les instructions du gouvernement ou une analyse sommaire de ces divers actes.

ART. 3. — Cette publication officielle sera divisée en deux parties dont l'une restera déposée aux archives de la mairie et dont l'autre sera placardée dans la commune au lieu le plus apparent.

ART. 4. — Le prix en sera acquitté par la commune et remplacera comme dépense obligatoire, l'abonnement au bulletin des lois.

ART. 5. — Le bulletin des lois continuera à être envoyé aux communes chefs-lieux de canton et aux diverses autorités qui le reçoivent aux termes des lois et réglements en vigueur.

Décret du 25 mars 1852 sur la décentralisation administrative.

ART. 1er. — Les préfets statueront désormais sur toutes les affaires communales qui jusqu'à ce jour, exigeaient la décision du chef de l'Etat ou du ministre de l'Intérieur et dont la nomenclature suit :

Tarifs des droits de location de places dans les halles et marchés et des droits de pesage, jaugeage et mesurage ;

Budgets et comptes des communes, lorsque ces budgets ne donnent pas lieu à des impositions extraordinaires ;

Pensions de retraite aux employés et agents des communes et établissements charitables ;

Répartition du fonds commun des amendes de police correctionnelle ;

Mode de jouissance en nature des biens communaux, quelle que soit la nature de l'acte primitif qui ait approuvé le mode actuel ;

Aliénations, acquisitions, échange, partage de biens de toute nature quelle qu'en soit la valeur ;

Dons et legs de toutes sortes de biens, lorsqu'il n'y a pas réclamation des familles ;

Transactions de toutes sortes de biens quelle qu'en soit la valeur ;

Baux à donner ou à prendre quelle qu'en soit la durée ;

Distraction de parties superflues de presbytères communaux lorsqu'il n'y a pas opposition de l'autorité diocésaine ;

Tarifs de pompes funèbres ;

Tarifs de concessions dans les cimetières ;

Approbation de marchés passés de gré à gré ;

Approbation de plans et devis de travaux, quel qu'en soit le montant ;

Plans d'alignement des villes ;

Cours d'eau non navigables ni flottables en tout ce qui concerne leur élargissement et leur curage ;

Assurance contre l'incendie ;

Tarifs des droits de voirie dans les villes ;

Etablissements de trottoirs dans les villes ;

Ventes sur les lieux des produits façonnés provenant des bois des communes et des établissements publics, quelle que soit la valeur de ces produits ;

Travaux à exécuter dans les forêts communales ou d'établissements publics, pour la recherche ou la conduite des eaux, la construction de récipients et autres ouvrages analogues, lorsque ces travaux auront un but d'utilité communale.

Décret du 25 juin 1852, qui prescrit l'envoi du Moniteur universel *aux maires des communes chefs-lieux de canton. — Extrait.*

ART. 1ᵉʳ. — Le *Moniteur universel* sera envoyé aux maires de toutes les communes chefs-lieux de canton.

ART. 2. — Le prix de l'abonnement sera imputé sur le produit des amendes de police correctionnelle ; à cet effet, la moitié du fonds commun mis à la disposition du préfet par l'art. 6 de l'ordonnance du 30 décembre 1823, sera versée à la caisse du receveur général de chaque département pour être centralisée au Trésor. — *Bulletin des lois* de 1852, 2ᵉ semestre, page 264.

Circulaire du 7 mars 1854 du ministre de l'instruction publique et des cultes, relative au mobilier des écoles communales. — Extrait.

Je vous recommande, Monsieur le préfet, d'inviter le maire de chaque commune de votre département où il existe une école publique, à dresser, contradictoirement avec l'instituteur communal, un inventaire exact et descriptif de tous les objets mobiliers qui garnissent ladite école. Cet inventaire devra être fait en double; chaque original sera revêtu des signatures du maire et de l'instituteur.

Le dernier mandat de traitement ne devra être délivré à l'instituteur qu'après la remise régulièrement faite par lui du mobilier de l'école décrit dans l'inventaire.

Arrêté du préfet du 1er janvier 1856, portant réglement sur l'organisation du service des agents-voyers dans le département de la Drôme. — Extrait. — R. des actes administratifs de 1856, n° 19, page 105.

Art. 32. — Les agents-voyers auxiliaires nommés pour l'emploi des prestations et la surveillance des travaux pourront être payés sur les fonds de cotisations municipales.

Art. 50. — Tout emploi dans le service vicinal ne peut être cumulé avec un autre.

Art. 51. — Les agents-voyers ne peuvent se charger accidentellement d'affaires particulières qu'avec l'autorisation du préfet accordée sur l'avis de l'agent-voyer en chef; cette autorisation est toujours spéciale à l'affaire qu'elle concerne et doit être renouvelée pour toute autre affaire.

Art. 52. — Les agents-voyers de tous grades peuvent être commis par le préfet ou par l'agent-voyer en chef en vertu d'une délégation du préfet pour des affaires dépendant de l'administration publique, même en dehors de leur service spécial.

Art. 53. — Il pourra leur être alloué, pour rénumération

de ces services exceptionnels, des honoraires, s'il s'agit de projets ou de travaux, des frais de déplacement ou de vacations, s'il s'agit de tout autre genre d'affaires.

Circulaire du Ministère de l'Intérieur du 20 juin 1856,
remboursement de capitaux. — Extrait.

J'ai décidé, d'accord avec M. le ministre des finances, qu'à l'avenir les demandes en autorisation d'accepter le remboursement proposé par les particuliers débiteurs de rentes seront établies et adressées aux préfets en double expédition, dont l'une sera renvoyée, après approbation, aux maires et aux commissions administratives, et l'autre transmise au receveur général, qui l'enverra aux receveurs locaux par l'intermédiaire du receveur particulier des finances.

Circulaire du Préfet de la Drôme, du 29 septembre 1856,
concernant l'indemnité allouée aux percepteurs pour la
formation de l'état-matrice de la taxe sur les chiens, —
Texte.— (Recueil des actes administratifs de 1856, n. 29,
page 194.

Messieurs,

M. le ministre des finances a décidé le 19 mai dernier, de concert avec M. le ministre de l'intérieur, qu'il serait accordé aux percepteurs une rétribution de *douze centimes* par chaque article de rôle, pour le concours que ces comptables doivent prêter aux maires et aux répartiteurs dans la confection des états-matrices dressés pour le recouvrement de la taxe municipale établie sur les chiens.

Cette indemnité rentrant dans la catégorie des frais à la charge des communes, je viens d'adresser à M. le receveur général des finances un état contenant le nombre d'articles du rôle et la somme à payer par chacune d'elles.

Le receveur aura donc à retenir sur les fonds communaux le montant de l'indemnité qui lui est allouée, et dont il justifiera dans sa comptabilité par l'extrait de l'état mentionné ci-dessus.

Circulaire du ministre de l'instruction publique du 19 mai 1858, relative à la location de maisons d'école.

Monsieur le Préfet, malgré les pressantes instances de l'administration et les secours accordés par l'État pour la construction des maisons d'école, un grand nombre de communes ne sont pas encore propriétaires du local où leurs écoles sont établies. C'est un inconvénient grave, en ce sens qu'une location n'étant pas faite ordinairement à longs termes, l'école est exposée à des déplacements onéreux; ou même quelquefois à une fermeture plus fâcheuse encore. Ces inconvénients se font plus vivement sentir, quand la commune traite directement avec l'instituteur, qui se rend locataire de la maison d'école, et qui reçoit, à cet effet, une indemnité. Le changement de l'instituteur ajoute une cause nouvelle d'instabilité à toutes celles qui résultent des circonstances locales.

Il y a lieu, Monsieur le Préfet, de veiller avec soin à ce que cet état de choses ne se perpétue pas. Veuillez donc, lorsqu'une commune ne sera pas propriétaire de sa maison d'école, et lorsqu'elle n'aura formé encore aucun projet de construction ou d'acquisition, ne l'autoriser à louer une maison d'école que par un bail ayant plusieurs années de durée et résiliable à la volonté de la commune à chaque période triennale, ou en cas de construction ou d'acquisition d'un autre local. Veuillez surtout recommander qu'en aucun cas, les loyers des maisons d'école ne soient au nom de l'instituteur. C'est la commune qui doit fournir le local; c'est donc elle seule, je le répète, qui doit, si elle n'est pas propriétaire, se rendre locataire des maisons d'école.

Arrêté du Préfet du 14 janvier 1860, fixant les honoraires des agents-voyers pour les travaux particuliers.—Extrait.
(Recueil des actes administratifs de 1860, N° 6, p. 27).

Art. 1er. — Les honoraires dus par les communes aux

agents-voyers pour travaux exceptionnels en dehors de ceux de leur service public, seront fixés de la manière suivante :

Pour frais de voyage :

50 c. par kilom. pour l'agent-voyer en chef ;

30 c.   id.   pour les agents-voyers d'arrondissement ;

20 c.   id.   pour les agents-voyers cantonaux et auxi-liaires.

Les transports par le chemin de fer sont réduits à moitié prix.

Pour frais de séjour, pour opérations, etc. :

Pour l'agent-voyer en chef. . . . . 10 fr.

Pour les agents-voyers d'arrondissement . . . . . 8 fr.

Pour les agents-voyers cantonaux et auxiliaires. . 5 fr.

Pour surveillance et direction des travaux :

4 p. % sur les premiers 40,000 fr. ;

1 p. % pour le surplus.

La moitié de ces honoraires est seulement due pour la surveillance des travaux ou la rédaction des projets.

Art. 2. — Ces honoraires ne pourront être payés que sur des mémoires certifiés par le maire, présentés par l'agent-voyer en chef, et approuvés par nous. Le timbre de ces mémoires restera à la charge de l'agent qui le produira.

Décret du 13 avril 1861, sur la décentralisation
administrative. — Extrait.

Art. 6. — Les sous-préfets statueront désormais, soit directement, soit par la délégation des préfets, sur les affaires qui, jusqu'à ce jour, exigeaient la décision préfectorale et dont la nomenclature suit :

8° Approbation des polices d'assurances contre l'incendie des édifices communaux ;

9° Homologation des tarifs des concessions dans les cimetières, quand ils sont établis d'après les conditions fixées par arrêté préfectoral ;

10° Homologation des tarifs des droits de places dans les halles, foires et marchés, lorsqu'ils sont établis d'après les conditions fixées par arrêté préfectoral.

11° Homologation des droits de pesage, jaugeage et mesurage, lorsqu'ils sont établis d'après les conditions fixées par arrêté préfectoral ;

12° Autorisation des battues pour la destruction des animaux nuisibles dans les bois des communes et des établissements de bienfaisance ;

13° Approbation des travaux ordinaires et de simple entretien des bâtiments communaux dont la dépense n'excède pas 1,000 francs, et dans la limite des crédits ouverts au budget ;

14° Budgets et comptes des bureaux de bienfaisance ;

15° Conditions des baux et fermes des biens des bureaux de bienfaisance, lorsque la durée n'excède pas dix-huit ans ;

16° Placement des fonds de bureaux de bienfaisance ;

17° Acquisitions, ventes et échanges d'objets mobiliers des bureaux de bienfaisance ;

18° Réglement du service intérieur de ces établissements ;

19° Acceptation par les bureaux de bienfaisance des dons et legs d'objets mobiliers ou de sommes d'argent, lorsque leur valeur n'excède pas 3,000 fr. et qu'il n'y a pas réclamation des héritiers.

Circulaire préfectorale du 5 avril 1862, relative à la conversion en tâches des journées de prestation en nature.— Résumé. (Recueil administratif de 1862, N° 10, page 69).

Après avoir expliqué et fait ressortir les avantages que les populations rurales principalement retirent inévitablement de l'application du tarif de la conversion en tâches des journées de prestations en nature, comparés aux résultats obtenus par le mode actuel d'emploi en commun des journées déclarées acquittables en nature, le préfet termine sa circulaire de la manière suivante :

« Le Conseil général du département émet, depuis deux « ans, l'avis de l'essai des tâches, afin de juger si la préfé- « rence doit être donnée à ce mode pour certains ouvrages.

« Il m'a paru qu'il était possible de mettre ce mode en
« pratique dès 1862, et un tarif, comprenant les divers cas
« qui peuvent se présenter, a été dressé par les soins de
« M. l'agent-voyer en chef. Ce tarif s'applique à toutes les
« natures de travail; il est gradué d'après les distances à
« parcourir en ce qui concerne les transports. »

*Loi de finances du 2 juillet 1862. — Extrait — Bulletin
des lois de 1862, page 392.*

Art. 20. — Les copies des exploits, celles des significations
d'avoués à avoués et des significations de tous jugements,
doivent être correctes, lisibles et sans abréviations actes ou
pièces.

Un réglement d'administration publique déterminera le
nombre de lignes et de syllabes que devront contenir les
copies.

Toute contravention aux dispositions du présent article et
à celles du réglement d'administration publique est punie
d'une amende de 25 fr.

*Décret du 30 juillet 1862, qui détermine le nombre de
lignes et de syllabes que devront contenir les copies des
exploits, celles des significations d'avoués à avoués, et
des significations de tous jugements, actes ou pièces.—
Extrait.*

Art. 1er. — Les copies des exploits, celles des significations
d'avoués à avoués, et des significations de tous jugements,
actes ou pièces, ne peuvent contenir, savoir :

Sur le petit papier (feuilles et demi-feuilles), plus de trente
lignes à la page et de trente syllabes à la ligne ;

Sur le moyen papier, plus de trente-cinq lignes à la page et
de trente-cinq syllabes à la ligne ;

Sur le grand registre, plus de quarante-cinq lignes à la page
et de quarante-cinq syllabes à la ligne.

(Bulletin des lois, page 393.)

12

CHAPITRE V.

MODÈLES D'ÉTATS.

⧖⬦⬦⧗

<table>
<tr>
<td>

DÉPARTEMENT
d

———

ARRONDISSEMENT
d

———

GESTION 18

</td>
<td align="center">

Commune d

———

EXERCICE 186 .

———

ATTRIBUTION SUR LE PRIX DES PERMIS DE CHASSE
(*N° 2 du Tableau qui fait suite à l'article 1542 de l'Instruction générale.—*)

Pièce justificative de la 2ᵉ année de l'exercice.

———

BORDEREAU DES RECOUVREMENTS EFFECTUÉS.

</td>
<td>

Modèle n° 1.

PERCEPTION
d

———

Mᵣ
receveur.

</td>
</tr>
</table>

DATES des RECETTES.	NUMÉROS des QUITTANCES à souche.	NOMS ET PRÉNOMS des PARTIES VERSANTES.	COMMUNES de leur résidence.	SOMMES RECOUVRÉES.
			TOTAL...	

Vu par le Maire :   Certifié par le Percepteur soussigné.

    À   , le   18

Commune d

EXERCICE 18 .

EXTRAIT DU ROLE GÉNÉRAL

DES

IMPOSITIONS COMMUNALES.

(N° 1er du Tableau qui fait suite à l'Instructiongénérale.)

Pièce justificative de la 2e année de l'exercice.

Modèle n° 2.

PERCEPTION

Mr receveur.

DÉSIGNATION de L'IMPOSITION ORDINAIRE OU EXTRAORDINAIRE.	SOMME		
	à recouvrer d'après le rôle	ALLOUÉE	
		pendant l'année 18	du 1er janv. au 31 mars 186 complétant les opérations de l'exercice 186

Certifié conforme :

A le 18 .

Vu et reconnu exact
par le receveur des finances.

A le 18

Le percepteur receveur,

Vu par le Maire qui certifie que le rôle a été publié
dans la commune le

A le 18

LE MAIRE,

(1) *Commune d*

EXERCICE 18 .

ÉTAT DU PRODUIT DE LA FERME

d

(N° 4 *du Tableau qui fait suite à l'art.* 1542 *de l'Instruction générale.*)

Pièce justificative de la 2ᵉ année de l'exercice.

Date. { du bail	
{ de l'approbation du Préfet	
Ferme. { Durée.	
{ Commencement . . . . (2)	
{ Expiration . . . . : . . . . (2)	
Garantie exigée par l'acte. . . . . (3)	
Date . . { du versement du cautionnement. . . . (4)	
{ de l'inscription hypothécaire	
{ de l'arrêté de dispense	
Nom de la caution.	
Nom du fermier	
Prix de ferme	
Date de l'échéance.	

Compte de gestion auquel les copies non timbrées du cahier des charges et du bail ont été jointes. . . .

Certifié à   le   186 .

Le Receveur,

Vu et reconnu exact.

Le (5)

OBSERVATIONS.

(1) **Commune d**

EXERCICE 18 .

ÉTAT DE MENUS PRODUITS

(2)

*(Nº 107 du Tableau qui fait suite à l'art. 1542 de
l'Instruction générale.)*

Pièce justificative de la 2ᵉ année de l'exercice.

NATURE des MENUS PRODUITS.	QUANTITÉ.	PRIX		OBSERVATIONS.
		PARTIEL.	TOTAL.	

Certifié par (3)

(3) Le Maire
ou l'Administrateur.

A le 186

Vu et vérifié par le Receveur.

A le 18

LE RECEVEUR,

COPIE DE L'EXÉCUTOIRE

DU ROLE DE LA TAXE MUNICIPALE SUR LES CHIENS à

de la commune d

POUR L'EXERCICE 18 .

Modèle n° 5.

PERCEPTION

Mr

receveur.

(§ 26 du Tableau qui fait suite à l'article 1542 de l'Instruction générale.)

Pièce justificative de la 2ᵉ année de l'exercice.

Nous Préfet du département de

Vu la loi du 2 mai 1855, relative à l'établissement d'une taxe municipale sur les chiens ;

Vu le décret du 4 août 1855, portant règlement d'administration publique pour l'exécution de ladite loi ;

Vu le décret du   18   , qui règle le tarif à appliquer dans la commune d

Vu le présent rôle de la taxe municipale sur les chiens ;

Après avoir procédé à sa vérification, en avons arrêté le montant à la somme totale de

Le Receveur municipal de la commune d   fera le recouvrement du présent rôle, et il en versera le montant dans la caisse de la commune.

Enjoignons à tous les contribuables dénommés au présent rôle d'acquitter les taxes y portées, sous peine d'y être contraints par les voies de droit.

Fait et arrêté à   , le   18 .

SIGNÉ :

Le Maire de la commune d
certifie que le présent rôle a été publié   *Certifié conforme la présente copie.*
dans la commune le   18 . A   le   18 .

SIGNÉ :

(Sceau de la mairie.)   *Le Maire,*

DÉPARTEMENT

d

GESTION 18

Modèle nᵒ 6.

PERCEPTION l

d

Mr

receveur.

COPIE DE L'EXÉCUTOIRE

DU ROLE DE PRESTATIONS POUR CHEMINS VICINAUX

de la commune de

POUR L'EXERCICE 18 .

(§ 24 du Tableau qui fait suite à l'article 1542 de l'Instruction générale.)

Pièce justificative de la 2ᵉ année de l'exercice.

Nous Préfet du département de

Vu les articles 3 et 4 de la loi du 21 mai 1836 ;

Vu la délibération du conseil municipal de la commune d

en date du   18   , par laquelle il a été voté une prestation de journées, pour réparation et entretien des chemins vicinaux ;

Vu le présent rôle, dressé en vertu de ladite délibération, contenant   pages et   articles, en avons arrêté le montant, savoir :

Journées d'homme évaluées à . . . . , ...
— de cheval ou mulet de trait, de bât, de selle ou de somme, évaluées à. . . . .
— d'âne, évaluées à. . . . .
— d'une paire de bœufs, évaluées à. . . . .
— d'un bœuf, évaluées à . . . .
— d'une paire de vaches, évaluées à . . . .
— d'une vache, évaluées à . . . . , ...
— de voiture, charrette, char ou tombereau , évaluées à

Total en argent :   ci.

pour le recouvrement du présent rôle être fait en argent ou en nature, au choix des contribuables.

Enjoignons à tous les contribuables dénommés au présent rôle d'acquitter les taxes y portées, sous peine d'y être contraints par les voies de droit.

Fait et arrêté à   le   18 .

Signé :

Le Maire de la commune d   *Certifié conforme la présente copie.*
certifie que le présent rôle a été publié dans la
commune le   18.   A   le   18 .

A   le   18 .

Signé :   (Sceau de la Mairie.)   *Le Maire,*

(1) Commune d

EXERCICE 18

(1) S'il s'agit
d'un établissement
charitable, on
écrira au-dessus
du mot *Commune*
les mots : *Hospice
de la,* ou *Bureau
de Bienfaisance
de la.*
(2) Désigner la
recette.

(2)

*(N° 37 du Tableau qui fait suite à l'art. 1542 de l'Instruction
générale.*

Pièce justificative de la 2ᵉ année de l'exercice.

Nous, maire de la commune d   certifions que le titre de
recette mentionné ci-dessus a été rendu exécutoire le   et que
ce titre de recouvrement s'élève à   sur lequel il a été recouvré à ce
jour la somme de   , y compris   f.   c., montant des
ordonnances de décharge.

A   le   18

Le Maire.

DÉPARTEMENT

d

GESTION 18

(1) Désigner le crédit.

COMMUNE D

EXERCICE 18

(1)

PERCEPTION

d

M.

receveur.

LIEUX des TRAVAUX.	NATURE des TRAVAUX.	NOMS des OUVRIERS.	JOURNÉES.			ÉMARGEMENT.	
			DATE.	PRIX.	SOMMES	DATE.	SIGNATURES des parties prenantes ou des témoins.
				Total. .			

Dressé et certifié par l'agent-voyer, le présent état montant à la somme de

A   le   18 .

L'Agent-voyer,

Vu et arrêté à la somme de
par nous, maire de la commune de

A   le   18 .

Le Maire,

(1) COMMUNE D

EXERCICE 18

(2)

LIEUX des TRAVAUX.	NATURE des TRAVAUX.	NOMS des OUVRIERS.	JOURNÉES.			ÉMARGEMENTS.	
			DATE.	PRIX.	SOMMES	DATE.	SIGNATURES des parties prenantes ou des témoins.
					Total. .		

Dressé et certifié par (3)
le présent état montant à la somme de

A   le   18 .

Vu et arrêté à la somme de
par nous, maire de la commune de

A   le   18 .

Le Maire,

DÉPARTEMENT
d.

GESTION 18

(1) S'il s'agit
d'un établissement
charitable on écrira
au-dessus du mot
Commune les mots:
Hospice de la, ou
*Bureau de Bien-
faisance* de la.
(2) Désigner le
crédit.

(1) COMMUNE D

EXERCICE 18

(2)

Modèle n° 10.

PERCEPTION

d

Mr

receveur.

MONTANT de L'EMPRUNT.	DATE de son versement dans la caisse municipale	DATE des à comptes rembour- sés.	TOTAL des sommes rembour- sées.	CAPITAL restant dû.	INTÉRÊTS dûs.	OBSERVATIONS.

Dressé et certifié par le maire

A   le   18 .

Le Maire,

Vu et vérifié par le receveur municipal,

A   le   18 .

Le Receveur,

ÉTAT

DE LA SUBVENTION ALLOUÉE A LA COMMUNE

POUR CONCOURIR

AU PAIEMENT DES DÉPENSES ORDINAIRES DE L'INSTRUCTION PRIMAIRE.

(§ 25 du Tableau qui fait suite à l'article 1542 de l'Instruction générale).

Pièce justificative de la 2ᵉ année de l'exercice.

Il a été dépensé, savoir :

Pour traitement de l'instituteur. . . . .

A déduire le montant { de l'imposition spéciale. . . . .
de la rétribution scolaire . . . .

Partant excédant de . . . . { Recette. . . . .
Dépense . . . .

La subvention allouée pour le présent exercice a été de (1). . . .

*Dressé et certifié à   , le   18
par le Receveur-Percepteur soussigné,*

Vu et reconnu exact par nous Maire,

(1) Cette dernière somme doit être égale à l'excédant de dépense, sauf une légère différence en plus provenant de rôles supplémentaires. Si cette différence a une autre cause, le Receveur-Percepteur doit l'expliquer après le mot *soussigné*. — S'il y a excédant de Recette, la subvention doit être négative.

DÉPARTEMENT

d

GESTION 18 .

(1) COMMUNE D

EXERCICE 18 .

Modèle n° 12.

PERCEPTION

d

M.

receveur.

(1) S'il s'agit d'un établissement charitable, on écrira au-dessus du mot *Commune* les mots : *Hospice de la*, ou *Bureau de bienfaisance de la.*

(§ 31 *du Tableau qui fait suite à l'article 1542 de l'Instruction générale*).

Pièce justificative de la 2e année de l'exercice.

ÉTAT DE RECOUVREMENT DE LEGS ET DONATIONS.

NOMS des DONATEURS.	DATES des décrets ou arrêtés autorisant l'acceptation	Comptes auxquels le décret ou l'arrêté a été joint.	NATURE ET DÉTAIL des OBJETS DONNÉS.	Époques des échéances d'après leurs actes constitutifs.	ÉPOQUES des PAIEMENTS	SOMMES déjà REÇUES.	SOMMES REÇUES PENDANT L'EXERCICE		OBSERVATIONS.
							en ARGENT.	en DENRÉES.	

Vu et reconnu exact.

Le (2)

Dressé et certifié, à

par le Receveur soussigné.

, le   186 ,

(2) Si le Maire (*ou* le Président de la commission) ne reconnaît pas l'exactitude de l'état, il effacera ce *visa*, et en dressera un autre motivé, au dos de la présente feuille.

NOTA — On ne doit porter sur cet état les legs en argent, denrées et objets mobiliers, qu'autant qu'ils ne constituent pas une rente. Dans ce dernier cas, ils doivent être compris dans l'État de rentes sur particuliers. — Les immeubles légués ou donnés doivent être portés sur l'état des propriétés, rentes et créances, N° 223 de l'Instruction générale du 20 juin 1859.

(1) COMMUNE D

EXERCICE 18 .

(2)

(N° 440 de la nomenclature.)

NUMÉROS D'ORDRE.	NOMS DES INDIGENTS.	DATE de la DISTRIBUTION.	SOMMES.	OBSERVATIONS.

Dressé et certifié par nous (3)

A   le   18 .

Arrêté le présent état à la somme de
par nous maire de la commune d

A   le   18 .

(1) COMMUNE D

Modèle n° 14.

—

PERCEPTION

d

—

Mr

receveur.

EXERCICE 186 .

(2)

(Nos 441, 442, 443 et 444 de la nomenclature.)

NUMÉROS D'ORDRE.	NOMS des INDIGENTS.	DATE de la DISTRIBU-TION.	NATURE des DENRÉES.	QUANTITÉS.	VALEUR en ARGENT.	Observations.

Dressé et certifié par Nous (3)

A   le   18 .

Arrêté le présent état à la somme de
par Nous, maire de la commune de
A   le   18 .

Le Maire,

(1) COMMUNE D

—

EXERCICE 186

—

(2)

(Nos 445, 446 et 447 de la nomenclature.)

NUMÉROS D'ORDRE.	NOMS DES INDIGENTS.	DATE de la DISTRIBUTION	NATURE des VÊTEMENTS.	VALEUR en ARGENT.	OBSERVATIONS.

Dressé et certifié par nous (3)

A   le   18

Arrêté le présent état à la somme de
par nous maire de la commune de

A   le   18

Le Maire,

(1) COMMUNE D

—

EXERCICE 186 .

—

(2)

(N°s 448 et 449 de la nomenclature.)

NUMÉROS D'ORDRE.	NOMS des INDIGENTS.	QUANTITÉ exprimée en KILOGRAMMES.	PRIX	TOTAL.	OBSERVATIONS.

Dressé et certifié par nous (3)

A le 18

Arrêté le présent état à la somme de
par nous maire de la commune de

A le 18

Le Maire,

d

DÉCOMPTE

de la recette du prix de vente d (2)

Date d (3) qui a autorisé la vente : le 18 .
Date du procès-verbal de vente : le 18 .
Désignation : { du notaire ou de l'administrateur
Demeure : { qui a procédé à la vente,

Montant du prix principal de vente, ... F.
centimes par franc pour frais d'adjudication(4)

TOTAL. . . . .

Date du départ des intérêts : le 18 .—Taux annuel : p. 0/0.
Nombre d'années accordées pour les paiements : ans.
Somme à payer chaque année par les adjudicataires . , F.

Dates fixées pour les paiements de chaque année { le
{ le

NOMS DES ACQUÉREURS. Montant de ce qu'ils doi-vent *en totalité* pour le prix principal et pour les frais d'adjudication (4). 1	DÉCOMPTE DÉTAILLÉ DE CE QUE DOIT CHAQUE ACQUÉREUR EN PRINCIPAL ET INTÉRÊTS. 2	PAIEMENTS DES ACQUÉREURS : Imputation.	
		sur le prix principal. 3	sur les intérêts. 4
N° 1er du procès-verbal de vente. M. demeur.t à	Montant du prix princip. dû par l'acq. { Intérêts du 18 au 18 { an mois jours.) TOTAL . . F Paiement du 18 (quittance à s. N°) RESTE DU. . .		
DOIT : 1° En prix princi-pal. 2° Pour frais d'ad-judication (4). centimes par fr. du prix principal.	{ Intérêts du 18 au 18 { an mois jours.) TOTAL . . F Paiement du 18 (quittance à s. N°) RESTE DU. . .		
Total du prix prin-cipal et des frais dûs par l'acqué-reur, *à reporter.*	Frais d'adjudication (4) payés le 18 (quitt. à s. N°) F TOTAUX des paiements faits sur le présent art., *à reporter à la page suivante* . . . . . F		

NOMS DES ACQUÉREURS Montant de ce qu'ils doivent *en totalité* pour le prix principal et pour les frais d'adjudication. 1	DÉCOMPTE DÉTAILLÉ DE CE QUE DOIT CHAQUE ACQUÉREUR, EN PRINCIPAL ET INTÉRÊTS. 2	PAIEMENT DES ACQUÉREURS : Imputation	
		sur le prix principal. 5	sur les intérêts. 4
Report. . . . F.	. . . .		
N° du procès-verbal de vente.	Montant du prix princip. dû par		
	{ Intérêts du 18 au 18		
M. demeur^t à	(an mois jours.) TOTAL. .		
	Paiement du 18 (quittance à s. N°) F		
Doit :	————————Reste du. . .		
1° En prix principal.	{ Intérêts du 18 au 18		
2° Pour frais d'adjudication. . . centimes par fr. du prix principal	(an mois jours.) TOTAL. .		
	Paiement du 18 (quittance à s. N°) F		
Total du prix principal et des frais dûs par l'acquéreur	————————Reste du. . .		
	Frais d'adjudication payés le 18 (quittance à s. N°) F		
	Totaux des paiements faits sur le prés. art. F		
Total général du prix principal et des frais. .	Totaux généraux des paiements des acquéreurs au 31 décembre 18 . . . . F		

	RÉCAPITULATION DES RECETTES PAR EXERCICE.	SUR LE PRIX PRINCIPAL et sur les frais d'adjudication	Sur les INTÉRÊTS.	TOTAL DES RECETTES par exercice.
(6) Une expédition du *procès-verbal de vente* ou *concession* est produite au soutien de l'art. N° des recettes de l'exerc. 18 du *compte de gestion* de l'année 18 .	Recettes de l'exercice 18 .			
	— de l'exercice 18 .			
	— de l'exercice 18 .			
	— de l'exercice 18 .			
	— de l'exercice 18 .			
	— de l'exercice 18 .			
Reste à recouvrer sur le prix principal et sur les frais d'adjudicat. au 31 décemb. 18 .	Totaux généraux égaux à ceux ci-dessus.			

Sceau :   Vu :

Le (5)

Le présent décompte certifié exact et spécialement dressé pour l'ordre de la comptabilité et pour faciliter les vérifications du conseil de préfecture. — Le titre de recette sera joint au *compte de gestion* de l'année pendant laquelle le recouvrement en aura été terminé (6):

A   le   18 .

Le Receveur,

(5) Maire *ou* Président de la Commission.

DÉPENSE.
—
GESTION 18 .

Modèle Nº 316.
—
Instruc. générale.
Art. 1542, § 54.

(1) Commune,
Hospice,
ou Bureau de bienfaisance.

Ce décompte est produit au soutien du *compte de gestion de* chaque année.

La minute en est conservée dans la comptabilité municipale.

(2) Décompte à établir pour les *acquisitions d'immeubles* qui se paient en plusieurs années, et pour les *remboursements d'emprunt.*

(5) Le décret ou l'arrêté du préfet.

(4) Préfet ou maire.

(1)

d

DÉCOMPTE (2)

du prix d'acquisition d

Frais de la purge légale des privilèges et hypothèques :
Fr.   payés le   18
à Mᵉ avoué à

Frais de l'acte d'acquisition.
Fr.
payés au notaire le   18 .

Date d (3)   qui a autorisé l'acquisition : le   18 .
Date de l'acquisition : le   18 .
Acte passé devant Mᵉ   notaire à
ou acte administratif passé devant le (4)

	Noms		M.	demeurant à
	des		M.	dº
	vendeurs.		M.	dº
			M.	dº

Montant du prix princip, de l'acquis. : F.   payable en   années.

Date du départ des intérêts : le   18 . — Taux annuel   p. 0/0.

NUMÉROS D'ORDRE des paiements.			
	Prix principal de l'acquisition. . . . . . , ...		
	Intérêts du 18 au 18 (an mois jours).		
	TOTAL.		
1	Paiement du 18 (exercice 18 , mandat Nº). . .		
	RESTE DU		
	Intérêts du 18 au 18 (an mois jours).		
	TOTAL.		
2	Paiement du 18 (exercice 18 , mandat Nº). . .		
	RESTE DU		
	Intérêts du 18 au 18 (an mois jours).		
	TOTAL.		
3	Paiement du 18 (exercice 18 , mandat Nº). . .		
	RESTE DU *à reporter.* . . .		

	Reste du *reporté d'autre-part*. . . .		
	Intérêts du 18 au 18 (an mois jours).		
	Total. . . , .		
4	Paiement du 18 (exercice 18 , mandat N°). . .		
	————————————————Reste du		
	Intérêts du 18 au 18 (an mois jours).		
	Total.		
5	Paiement du 18 (exercice 18 , mandat N°). . .		
	————————————————Reste du		
	Intérêts du 18 au 18 (an mois jours).		
	Total.		
6	Paiement du 18 (exercice 18 , mandat N°). . .		
	————————————————Reste du . , . .		
	Intérêts du 18 au 18 (an mois jours).		
	Total.		
7	Paiement du 18 (exercice 18 . mandat N°). . .		
	————————————————Reste du		

<table>
<tr>
<td>L'ampliation du décret ou arrêté du préfet autorisant l'acquisition,
La copie du contrat,
Les certificats de transcription et de non-existence d'hypothèques après la transcription (5).

Les pièces justificatives de la purge légale,
Le certificat de non-existence d'hypothèque après cette purge (5).</td>
<td>Sont produits au soutien du compte de gestion de 18 , art. des dépenses de l'exercice 18 .

———
(Art. 1542 de l'instruction générale du 20 juin 1859.)</td>
</tr>
</table>

(5) *Ou état des inscriptions hypothécaires et* certificat *de radiation.*

(Sceau de la Mairie)

Vu :

Le *Maire de la commune.*

Le présent décompte certifié exact.

Ce 18 .

Le Receveur municipal,

(1)

d

Modèle N° 317.
—
Instruction géné-
rale. Art. 1542,
§ 59.

DÉCOMPTE

de la dépense de (2)

(2) Construction
de........,
Réparation de ....

Adjudication du　　　　**18** .

Adjudicataires { M.　　　　demeurant à

M.　　　　demeurant à

Date du procès-verbal de réception des travaux : le　　　　18 .

Montant de ce procès-verbal. . . . .

. . . .

TOTAL. . . . . F.

Payable en　　　　années. . . . .

DÉTAIL DES SOMMES payées.	DATE DES PAIEMENTS.	EXERCICES auxquels s'appliquent les paiements	NUMÉROS D'INSCRIPTION des paiements au *Compte général* sur le livre des comptes divers.	OBSERVATIONS.
1	2	3	4	5
	Le 18	18		Le devis et le procès-verbal d'ad-
	Le 18	18		judication ont été produits avec le
	Le 18	18		*compte de gestion* de l'année 18 ,
	Le 18	18		exercice 18 , art.
	Le 18	18		Le procès-verbal de réception des
	Le 18	18		travaux a été joint au *compte de*
	Le 18	18		*gestion* de l'année 18 , exercice
	Le 18	18		18 , art.
	Le 18	18		
	Le 18	18		
TOTAL des paiements		RESTE dû au 31 décembre 18 . . F.		

SCEAU :　　　　Vu :　　　　Le présent décompte certifié exact et spécialement
établi pour l'ordre de la comptabilité et pour faciliter
Le (3)　　　　les vérifications du conseil de préfecture.

A　　　　le　　　　18 .

Le Receveur,

ERRATA.

—

Page 16, n° 26, *lisez :* 15 avril 1861, *au lieu de* 13 avril 1862.
  21, n° 47,   13 avril 1861, *au lieu de* 13 avril 1862.
  25, n° 56,   contributions indirectes, *au lieu de* contributions directes.
  51, n° 86,   15 avril 1861, *au lieu de* 13 avril 1862.
  51, n° 86,   *au renvoi n° 86,* loi du 15 mai 1850, *au lieu de* loi du 18 mars 1850.
  34, n° 100,   voir le n° 177, *au lieu de* voir le n° 168.
  38, n° 116,   produits, *au lieu de* produtis.
  60, n° 223, *Ajoutez après les mots :* marché de gré à gré ou soumission, *ceux-ci :* approuvé par le préfet.
  61, n° 226, *lisez :* achat de livres, *au lieu de* achat d livres.
  64, n° 253,   au 3°, dispense de transcription, *au lieu de* dépense.
  95, n° 281,   au 2°, approbation, *au lieu de* approbat.
  108, n° 234,   au 2°, s'il y a appel, *au lieu de* s'y appel.

Valence, imprimerie Jules Céas et fils.